Coalition, dispersion

Un moment démocratique en Afrique de l'Ouest «francophone» (1988-1996)

Michel Ben Arrous

Série des monographies

CODESRIA

Coalition, dispersion — Un moment démocratique en Afrique de l'Ouest «francophone» (1988-1996)

© Conseil pour le développement de la recherche
en sciences sociales en Afrique (CODESRIA), 2003
Avenue Cheikh Anta Diop Angle Canal IV, BP: 3304, Dakar, Sénégal.

Le CODESRIA exprime toute sa gratitude à Carnegie Corporation pour son soutien relatif à l'étude sur «Les transitions démocratiques en Afrique». Les opinions exprimées dans cette publication n'engage que l'auteur.

Imprimé au CODESRIA
Composition: Hadijatou Sy

Série des monographies
ISBN: 2-86978-121-0

CODESRIA exprime sa gratitude à l'Agence suédoise pour la coopération en matière de recherche avec les pays en voie de développement (SIDA/SAREC), au Centre de recherches pour le développement international (CRDI), à la Fondation Ford, à la Fondation Mac Arthur, Carnegie Corporation, au ministère des Affaires étrangères de Norvège, à l'Agence danoise pour le développement international (DANIDA), au ministère français de la Coopération, au Programme des Nations unies pour le développement (PNUD), au ministère néerlandais des Affaires étrangères, FINIDA, NORAD, CIDA, IIEP/ADEA, OECD, IFS, Oxfam America, UNESCO, UN/UNICEF et au gouvernement du Sénégal pour leur soutien généreux à ses programmes de recherche, de formation et de publication.

Remerciements

Remerciements à Aïssata Niandou, Alain Agossa, Bama, Guillaume Attigbé, Aminatou Konaté, Abdou Sarr, Abdoulaye Niandou Souley, Babacar Kanté, Billy, Clément Houénontin, Comi Toulabor, Djovy Gally, Edo, Emile Kaboré, Emilienne Faye, Emmanuel Adjovi, Fabienne Barry, Fafali Koudawo, Isidore de Souza (décédé le 13 mars 1999), Jean-Pierre Diouf, Jibrin Ibrahim, Joseph Benarrous, Julien Togbadja, Magloire Yansunnu, Mamadou Diouf, Messan Kodjo, Norbert Gbikpi, Pape Sy, Patrick Lawson, Robert Dossou, Roger Gbégnonvi, Rosemary Akan, Souley Boubacar, Yawovi Agboyibo, Zeus Adjavon. Remerciements aussi à celles et ceux qui purent seulement parler sous couvert d'anonymat et se reconnaîtront. Et à Evelyne, Elie et Xa, pour leur patience.

L'auteur

Géographe, ancien journaliste à *Sud Hebdo* et *Sud Quotidien* (Dakar), Michel Ben Arrous est membre fondateur de l'Institut africain de géographie politique (Afripog). Ses travaux portent sur les idées et les préjugés géographiques, leur épistémologie et leurs rapports avec la violence ou la légitimité politique. Il a notamment dirigé l'ouvrage *Médias et conflits en Afrique*, Karthala, 2001 et termine actuellement l'édition de *African Studies in Geography from Below*, à paraître au CODESRIA.

Sommaire

1. **Prologue nigérien** 7
2. **Les mots et les lieux de la démocratie**
    Introducion 12
    Transitions, projets, moment. 18
    1988-1996, un repérage symbolique 21
    Qu'est-ce que l'Afrique de l'Ouest « francophone ? » 26
3. **Une géographie des savoirs**
    La formation des points de vue 32
    Les prises de distance. 35
    Le paysage thématique 39
    Lieux de parole et circuits de diffusion 46
4. **Le moment démocratique sous-régional**
    Naissance du moment démocratique 51
    L'événement béninois 58
        Une alternance modèle question 58
        Kérékou 2, le retour 64
    Les Conférences nationales 68
        La fête, le jeu 68
        La thérapie 69
        La palabre 72
        L'initiation 75
    La participation et la représentation 77
        Le temps des urnes 78
        Démocratie et question nationale 82
        La dynamique institutionnelle 87
        L'engineering au sommet 91
        La dispersion du politique 95
5. **Conclusion. D'hier à demain** 100

Annexes 118
    Une logique touareg au Niger 118
    Une trajectoire communiste au Bénin 122
    Un parcours syndical au Togo 126

Bibliographie 133

1.

Prologue nigérien

La récréation est terminée

Ibrahim Baré Maïnassara,
Niamey, 11 juillet 1996

Le 27 janvier 1996, lorsque le colonel Baré renverse le régime civil issu des premières élections pluralistes de l'histoire du Niger, rares sont à Niamey, la capitale, ceux qui s'en offusquent. Les journalistes qui se risquent à critiquer le retour des militaires au pouvoir, après tout au plus cinq ans d'éclipse, sont frappés, détenus ou intimidés. Ils se seront trop tôt démarqués de la résignation ambiante...

Le temps est déjà loin où les mutineries à répétition butaient sur la détermination des étudiants, des syndicalistes, et de ce qu'on appelait alors les forces démocratiques. C'était en 1992, année dite de transition, aux lendemains d'une Conférence nationale qui venait de renvoyer l'armée à ses casernes. La hiérarchie militaire, mise en accusation pour sa brutalité en général, et pour ses méthodes expéditives de gestion de la dissidence touareg en particulier, avait perdu de sa superbe. Les coups de force de la troupe, réclamant un jour ses arriérés de solde, défendant le lendemain l'honneur meurtri des gradés, prenant d'assaut la radio nationale, en re-sortant, y rentrant de nouveau, séquestrant plus ou moins longuement les autorités civiles de la transition, n'inspiraient guère de sympathie (Kotoudi 1993).

Mais ce temps est révolu, et les gouvernants de l'après-transition n'y sont pas pour rien. D'abord le président Mahamane Ousmane, qui empiète sur les prérogatives du Premier ministre Mahamadou Issoufou. Celui-ci qui démissionne, passe à l'opposition et prend, au terme d'une élection législative anticipée, le perchoir de l'Assemblée nationale. Puis Hama Amadou, secrétaire général du MNSD[1], l'ex-parti unique, qui revient aux affaires, comme nouveau Premier ministre, à la faveur du jeu d'alliances noué pour cette élection (Ibrahim et Niandou Souley 1998). S'ensuit alors une cohabitation ou plutôt un ménage à trois, dont la gestion calamiteuse finit par paralyser les institutions de la République (Abdourhamane 1996, Tankaono 1996).

La cohabitation dure un an, donnant au coup d'État son prétexte, ainsi que son timing. La constitution prévoit un délai de douze mois avant de pouvoir engager une nouvelle dissolution de l'Assemblée. Le président Mahamane Ousmane a maintes fois averti qu'il n'attendrait pas plus longtemps. Pour sa part, le Premier ministre a prévenu qu'il resterait de toute façon en poste; il a déjà pris soin de vérifier, auprès de la Cour suprême, qu'il ne serait effectivement pas obligé de démissionner. Le président de l'Assemblée nationale attend quant à lui la réponse à une lettre discrètement transmise, la veille seulement du coup d'État, auprès de cette même Cour suprême, et visant à lui faire constater, dans une éventualité qui le placerait en situation d'intérim, l'empêchement absolu du président Mahamane Ousmane...

Crise institutionnelle inédite, donc, mais vieilles ficelles. La junte destitue le président et le gouvernement, dissout l'Assemblée, suspend la constitution et les partis politiques. Pour autant, les trois protagonistes de la crise institutionnelle ne tardent pas à faire allégeance. «Nous, anciens dirigeants de la IIIe République...»: sous cette mention et leur commune signature, circule bientôt un document-repentir invitant la communauté internationale à épargner au Niger les affres d'un boycott de l'aide (Ousmane *et al.* 1996). De fait, la querelle continue. Aucun des trois rivaux n'entend se désolidariser d'une armée redevenue fréquentable ni s'aliéner son éventuel soutien pour le jour où auront lieu, nul n'en doute, de nouvelles élections. L'arme de la «conditionnalité démocratique», vaguement dissuasive quelques années plus tôt, a de surcroît bien vieilli, sans d'ailleurs beaucoup servir (Alao 1990, Mos 1992, Biagiotti 1995, Banegas et Quantin 1996).

Pour reprendre sa coopération, brièvement interrompue pour la forme, la France officielle n'attend qu'un signal. Il viendra de Kara, fief du Grand Timonier togolais où, mi-février, se réunissent les chefs d'État du Conseil de l'Entente (Bénin, Burkina Faso, Côte d'Ivoire, Niger, Togo). En l'absence du président béninois Nicéphore Soglo, qui aura été le seul à condamner le putsch, l'Ivoirien Henri Konan Bédié et le Burkinabé Blaise Compaoré, grands résistants aux demandes démocratiques de leurs peuples, accueillent le colonel Baré comme un des leurs. Ils y mettent les formes, ou plutôt les remettent, ces formes coutumières, en cautionnant un calendrier de remise du pouvoir aux civils.

Pour un peu, Ibrahim Baré Maïnassara (IBM), bientôt auto-promu général, prendrait la stature salvatrice d'un Amadou Toumani Touré (ATT), auteur du dernier coup d'État en date chez les voisins. Mais du Malien ATT, IBM ne retient guère que le goût des initiales. ATT, tombeur en mars 1991 du général Moussa Traoré qui venait de faire tirer sur la foule, aura tenu parole: il aura organisé d'honnêtes élections, se sera abstenu de s'y présenter, et en aura accepté le verdict. Cette manière singulière d'entrer dans l'histoire, en refusant de s'y incruster (Touré 1991), n'est pas celle d'IBM.

La sienne est plus conventionnelle. Il commence par revenir sur sa promesse de ne rien briguer pour lui-même, brisant ainsi sa côte initiale de popularité pour s'imposer en force, puis tout s'enclenche: élections truquées, victoire «dès le premier tour», mise en résidence surveillée des autres candidats.

Une innovation, certes: la dissolution de la Commission électorale indépendante, dont les premiers résultats ne lui étaient guère favorables, avant même la clôture du scrutin. Le régime togolais, qui s'y connaît, recourra d'ailleurs à une formule similaire pour offrir au général sa «réélection» officielle de juin 1998.[2]

Mais en ce mois de juillet 1996, c'est le général Baré qui retrouve une petite phrase prononcée en août 1993 par son homologue togolais. «La récréation est terminée», s'était écrié le général Eyadema au sortir de son élection de 1993, seul face à deux figurants, parachevant ainsi une longue série d'assassinats, de coups de force et d'intimidations de l'opposition (Wonyu 1996:63). «La récréation est terminée», s'exclame à son tour le général Baré.[3]

Un ressort important semble en tout cas s'être cassé, avant même l'intervention de l'armée, dans l'expérience démocratique du Niger. Le classement des formations politiques en «forces démocratiques» ou «forces antidémocratiques», naguère si évident, n'a plus cours. D'autres rivalités ont pris le dessus.

Rivalités économiques d'abord, qui excèdent les Nigériens plus qu'elles ne les surprennent. Sur les murs de Niamey, n'ont jamais été effacés les graffitis affublant l'Alliance des forces du changement (AFC, coalition de partis sur laquelle s'appuyait initialement le président Mahamane Ousmane) d'un surnom peu glorieux: «les partageurs». Ces graffitis, auxquels la main de l'ex-parti unique n'était peut-être pas étrangère, n'ont pas tardé à prendre un relief singulier. Après de multiples anicroches, c'est bien le rattachement au cabinet présidentiel de la Commission centrale des marchés, considérée à Niamey comme une manne financière, et jusque-là placée sous l'autorité du

Premier ministre, qui donne le coup de grâce à l'AFC et provoque son éclatement.

Il faut aussi prendre au sérieux un autre clivage, géographique et ethnique celui-là, qui courait entre l'Est et l'Ouest du pays, entre partisans d'un nouvel ordre hausa, incarné par le président Mahamane Ousmane, premier président hausa du pays, et celui d'un ancien ordre djerma, en vigueur jusqu'à son élection. Bien des intellectuels hésitent à l'évoquer, au motif, certes défendable, que les putschistes en ont usé et abusé, agitant le spectre d'un conflit ethnique comme argument de leur propre légitimation. Il n'en demeure pas moins qu'en dépit — ou à cause — du discrédit frappant l'ensemble des partis politiques, c'est sur ce plan que s'exprimait le mieux leur force d'entraînement :

> Depuis les élections anticipées de 1995, tous les partis restaient en campagne, dans la perspective de nouvelles élections anticipées un an plus tard. La Convention démocratique et sociale (CDS, parti de Mahamane Ousmane) faisait ouvertement campagne sur le thème: «Vous voulez les Hausas au pouvoir? Votez pour nous». D'autres disaient: «Voyez, les Hausas c'est la pagaille, chassez-les». On retrouvait d'ailleurs cette bipolarisation dans les partis d'implantation nationale, à commencer par le MNSD, entre ses principaux ténors. On en était arrivé à un point où un Hausa ne pouvait plus serrer la main d'un Djerma, et vice-versa. Ce qui aurait pu mettre le feu aux poudres, c'est quand la garde présidentielle a fermé les portes du Conseil des ministres au Premier ministre Hama Amadou. Heureusement, il a eu cette fois la sagesse de ne pas forcer. Sinon, la foule était là et tout explosait.[4]

Dans ce jeu bloqué, le colonel Baré peut faire valoir une généalogie consensuelle. À cheval sur l'Est et l'Ouest, issu de surcroît d'une mère présumée peul burkinabé, il ne saurait apparaître comme un revanchard djerma. Ce n'est pas un hasard si la junte, dérogeant aux traditions putschistes, le met en avant plutôt que ses supérieurs hiérarchiques. «Ni d'un bord ni de l'autre», il est derechef «l'homme de la situation», insiste d'ailleurs le ministre ivoirien Laurent Dona Fologo en saisissant l'occasion de s'attaquer, sous couvert du dévoiement nigérien, à la démocratie en général:

> C'est une situation spéciale qui est arrivée au Niger. Elle a été inventée par la démocratie. La communauté internationale devrait comprendre les militaires plutôt que de les mettre en quarantaine. C'est la seule façon d'aider les populations (cité par Akam 1996:27).[5]

Au-delà du seul cas nigérien, un glissement s'est produit dans les représentations de la démocratie, jusque et y compris parmi les innombrables organisations et associations faisant profession de l'appuyer. Après qu'ait longtemps prévalu l'approche faisant de la dictature un terreau de la violence armée, voilà que des institutions africaines, œuvrant explicitement à la double promotion de la paix et de la démocratie, s'inquiètent d'une éventuelle contradiction entre leurs objectifs. Certaines se demandent si la démocratie n'est pas elle-même un «facteur de conflit».⁶

Le soutien concédé par le Gerddes-Afrique⁷ à la mascarade électorale du général Baré illustre bien ce glissement. La complaisance de son équipe d'observation pour les irrégularités les plus flagrantes, dénoncées par l'ensemble des autres observateurs électoraux, est presque inattendue, mais déjà plus tout à fait. Quatre jours plus tôt au Tchad, pour le second tour d'une autre présidentielle, le Gerddes-Afrique avait choisi de publier un communiqué présentant, contre toute évidence, Idriss Déby comme un vainqueur irréprochable. L'argument servi au Tchad ressert au Niger:

> Nous avons découvert à nos dépens que le modèle universel de la démocratie ne s'appliquait pas à l'Afrique (...). Au début, nous avons fait des déclarations tonitruantes, qui ont fait plaisir à certains de nos partenaires occidentaux, qui nous ont rejoints après nous avoir découverts. Ces déclarations allaient dans le sens des idéaux qu'ils prônent. Mais en réalité, chaque fois que nous faisions ces déclarations tonitruantes, on nous fermait les portes des pays africains dans lesquels nous étions censés intervenir. Pendant ce temps, les Occidentaux continuaient de faire des affaires avec les régimes que nous avions dénoncés (...). À partir de cet instant, nous avons commencé à revoir nos stratégies, afin que les élections ne conduisent pas à des conflits, à des déchirements en Afrique. Des Africains ne doivent plus devenir, pour des raisons politiques, des réfugiés chez eux. C'est ainsi que nous avons changé notre fusil d'épaule (Alao 1998:126-28).⁸

Quand s'opère ce genre d'amalgame entre honnêteté intellectuelle et violence, et quand un nationalisme dévoyé sert à justifier le maintien ou le retour des dictatures, c'est qu'il devient temps de s'interroger sur le sens des mots.

2.

Les mots et les lieux de la démocratie

> – *Lorsque moi j'emploie un mot, répliqua Humpty Dumpty d'un ton de voix quelque peu dédaigneux, il signifie exactement ce qu'il me plaît qu'il signifie... ni plus ni moins.*
> – *La question, dit Alice, est de savoir si vous avez le pouvoir de faire que les mots signifient autre chose que ce qu'ils veulent dire.*
> – *La question, riposta Humpty Dumpty, est de savoir qui sera le maître... un point, c'est tout.*
>
> Lewis Carroll,
> *De l'autre côté du miroir et de ce qu'Alice y trouva*, 1872

Introduction

Les mots dont il est ici question sont ceux de la revendication démocratique en Afrique de l'Ouest dite francophone, de 1988 à 1996. Ils recouvrent les notions, concepts, grilles et schémas d'analyse savante, mais aussi les mots ordinaires de la revendication au quotidien.

L'idée centrale de cet essai est que les années 1988 à 1996 ont constitué, par l'ampleur des forces sociales mobilisées autour de l'enjeu démocratique, un moment politique comparable au moment anticolonial des années 1950. Dans l'entre-deux, l'avènement des partis-États paraissait avoir brisé l'expression politique du plus grand nombre. Après trois décennies de monopole des partis-États sur la construction nationale et sur le développement économique et social, s'est opéré un vaste mouvement de re-participation à la conduite des affaires publiques.

Pays par pays, se sont formées de vastes coalitions de mouvements sociaux, qui pouvaient être régionaux, estudiantins, syndicaux, ethniques, religieux, de classe ou de caste... Ils poursuivaient des projets spécifiques, parfois divergents, voire contradictoires, mais se sont fédérés autour d'une commune revendication démocratique, qui s'est imposée comme leur plus grand commun dénominateur.

Certains mirent explicitement en veilleuse leurs revendications sectorielles — les étudiants et élèves ivoiriens par exemple (Ahipeaud 1992), les syndicats autonomes togolais ou guinéens (UNSIT 1992, SLEGC 1993), une partie des mouvements armés au Nord du Mali (MPA 1991, Sklar et Strege 1992)... — le temps de se débarrasser collectivement des dictatures, ou de s'y essayer. D'autres adhérèrent de manière plus implicite à cette vision étapiste: démocratie d'abord, batailles sectorielles ensuite. Dans cette catégorie peuvent se ranger la plupart des milieux d'affaires souhaitant évincer les «protégés» économiques des clans présidentiels, ou se faire une place parmi eux (Moque 1994, Grégoire 1994, Ganne et Ouédraogo 1996). Dans tous les cas, l'important était d'asseoir ou ré-asseoir des systèmes politiques légitimes, de les orienter au besoin en fonction d'intérêts particuliers, mais toujours de se redonner, de réinventer ou de recréer une «sphère publique» où l'on pourrait démocratiquement délibérer (Guèye 1997).

Les diverses coalitions nationales se sont de surcroît inscrites sur des trajectoires interdépendantes. Ainsi, l'invention béninoise de la Conférence nationale a fortement orienté les stratégies et les pratiques des voisins, chacun revendiquant d'en tenir une (SOMASE 1990, Condé 1992, Ba 1993). Parallèlement, les régimes contestés ont eux aussi puisé, dans l'expérience de leurs semblables, des éléments utiles au perfectionnement de leur propre résistance, oscillant entre répression violente et concessions formelles (Baduel 1993, Loada 1995, Heilbrunn 1997).

La revendication démocratique n'est pas devenue obsolète en 1996, ni au Niger ni ailleurs, avec l'avènement d'Ibrahim Baré Maïnassara. Mais elle a changé d'échelle. L'assassinat à l'arme lourde du même IBM, trois ans plus tard par sa propre garde présidentielle, puis la junte du général Mallam Wanké ou l'élection d'un nouveau président civil, Mamadou Tandja, candidat de l'ex-parti unique, relèvent maintenant plus de l'histoire politique du Niger que de celle de la démocratie dans la sous-région. Les voisins de la Côte d'Ivoire restent concernés par les contrecoups du putsch du général Gueï, en décembre 1999, ou de l'accession de Laurent Gbagbo au pouvoir, en octobre 2000, mais la trajectoire spécifique de ce pays ne saurait déjà plus tenir lieu de modèle sous-régional. De même, la victoire électorale d'Abdoulaye Wade en mars 2000, à bon droit qualifiée d'historique au Sénégal, marque désormais une «exception» sénégalaise.

La vie politique, dans chaque pays, peut aujourd'hui encore se lire comme une suite ou un prolongement du moment démocratique. Mais les événements qui la ponctuent, même en se rattachant plus ou moins directement aux chaînes événementielles de ce moment sous-régional, trouvent de manière croissante leurs facteurs explicatifs dans les particularités de chaque contexte national. Ils déterminent aussi des séries de conséquences nationales et réinscrivent, au fond, l'histoire politique de chaque pays sur des trajectoires relativement plus autonomes. Pour autant, aucune échelle n'est jamais soluble dans une autre. Du local au mondial, toutes s'articulent et se déterminent mutuellement. À certains moments, certaines paraissent plus heuristiques que d'autres. Pendant quelques années, les différentes trajectoires nationales ont connu un infléchissement suffisamment comparable pour qu'on tente ici d'en rendre compte à l'échelle agrandie d'une sous-région, au demeurant problématique: l'Afrique de l'Ouest dite francophone, qu'on s'efforcera de définir plus loin.

Ceci étant, les «quelques années» en question, 1988-1996 dans cet essai, appellent elles aussi une discussion. D'autres observateurs, selon des critères de leur choix, sauront toujours justifier d'autres «débuts», en 1989 par exemple (Vent d'Est...) ou en 1990 (Conférence nationale du Bénin, Discours de La Baule...), trouver en conséquence d'autres «fins» possibles en 1999 ou 2000 (une décennie toute ronde), périodiser autrement ou ne pas périodiser du tout. En toute prudence, le dernier cas de figure serait d'ailleurs le plus recevable, dans la mesure où les diverses situations concrètes ne se sont jamais confondues. Mais, les historiens le savent bien, les périodisations servent moins à épuiser le foisonnement du réel qu'à privilégier une dimension commune, un facteur d'unité entre des faits autrement disparates. La datation n'étant pas une science exacte, les pages qui suivent justifieront la période 1988-1996, non pas à la manière d'une tranche d'histoire compacte et sûre, mais d'une hypothèse méthodologique.

Admettons simplement, pour l'heure, qu'une conception superficielle de la démocratie s'est partout imposée. Tous les présidents ouest-africains en exercice s'auto qualifient aujourd'hui de démocrates parce qu'ils acceptent, du moins verbalement, le principe d'élections pluralistes à intervalles réguliers. Il s'agit là d'une version minimaliste de la démocratie dite libérale. Peu de temps avant de disparaître, le regretté Claude Ake lui opposait la vision, maximaliste peut-être, d'une démocratie dite sociale. Celle-ci, écrivait-il, se reconnaîtrait à l'amélioration des conditions d'existence des gens ordinaires, à l'exercice de droits économiques concrets, à l'égalité des chances de promotion sociale (Ake 2000).

La différence entre ces deux grandes formes de démocratie ne se réduit pas à une simple affaire de production ou de redistribution de richesses. Le présent essai ne s'appesantira pas sur les éventuelles performances économiques de la démocratie. On s'accordera sur ce point avec l'historien Djibo Hamani (1997:30):

> La démocratie n'est pas désirable parce qu'elle est une condition du développement; en réalité, tous les États développés «démocratiques» d'aujourd'hui ont bâti leur économie dans des conditions qui sont tout sauf démocratiques. Mais la démocratie est désirable parce qu'elle vise un plus grand épanouissement de l'être humain, un plus grand respect de cette création à la fois merveilleuse et fantasque.

Ce ne sont pas de toute façon les spéculations sur une éventuelle relation de cause à effet entre démocratie et développement qui fondent la dimension sociale de la démocratie proposée par Claude Ake. Sa démocratie est sociale parce qu'elle émane des gens ordinaires, autant qu'elle s'adresse à eux, et qu'elle leur fait confiance. Au début des années 1990, en plein cœur du moment démocratique, Claude Ake soulignait le potentiel créatif de ces hommes et femmes ordinaires, leur capacité à négocier des «arrangements» politiques cohérents avec leur expérience historique, conformes à leurs aspirations immédiates, pertinents au regard de leurs contextes nationaux et internationaux (Ake 1993a).

Au risque d'un fonctionnalisme passé de mode dans les sciences sociales, le présent essai soutient que la grandeur du moment démocratique fut justement d'improviser, dans le feu de l'action, des réponses politiques à une crise multiforme. La *revendication* démocratique a fonctionné à la manière d'une «respiration» des sociétés ouest-africaines, comme en d'autres temps pouvaient ou pourront encore fonctionner les respirations guerrières.[9]

Lorsque des sociétés déstructurées par la pauvreté, l'injustice et la montée des conflits internes voient s'effondrer l'ensemble de leurs conditions d'existence, matérielles et symboliques, il ne leur reste guère que deux choix: l'affrontement de tous contre tous, au risque de se perdre soi-même avec l'environnement social qu'on détruit mais dont on fait néanmoins partie; ou l'élaboration, heurtée mais négociée, de règles de survie collective. Les sociétés ouest-africaines ont massivement choisi la deuxième option.

L'«orage» n'était pas seulement pour les dictateurs contestés, selon la juste métaphore d'Assoumou Ndoutoume (1993), sa foudre s'abattait sur tous. La revendication démocratique, même si elle n'aboutit qu'aux démocraties minimalistes dénoncées par Ake, fut en elle-même une brèche ouverte dans les promesses du pire. Le plus préoccupant, à cet égard, ne réside certainement pas dans les dispositions affichées par des démocraties tantôt de pure façade, tantôt pétries de bonne volonté, mais dans la dispersion des coalitions initiales — sans qui les vitrines les plus mensongères ne seront pas brisées, les meilleures volontés ne seront pas réalisées.

Les coalitions du moment démocratique sous-régional se sont défaites, sans qu'une éventuelle adhésion à la conception minimaliste, à présent dominante, puisse tenir lieu d'explication. Une telle conception, réduisant la démocratie à une forme juridico-politique abstraite, n'est pas suffisamment mobilisatrice, avancent certains auteurs (Hamidou 1996, Konté 1997). D'autres insistent sur la fatigue des peuples, éreintés par les coups de boutoir d'autoritarismes à peine réformés (Monga 1995a, Toulabor 1996a). D'autres encore rappellent qu'à tout prendre, «même une simple décompression de l'autoritarisme vaut mieux que le *statu quo ante*» (Nwokedi 1999:286). Tous se rejoignent sur un point crucial: les manières de voir ou de concevoir la démocratie déterminent fortement les manières de la promouvoir, de la défendre, ou d'y renoncer.

L'important demeure qu'en aucun cas la charge explosive des mouvements sociaux n'a été désamorcée. Elle s'est éparpillée, ce qui est autrement plus inquiétant. Les mouvements sociaux s'étaient entendus, au moins implicitement, dans l'action, sur la meilleure façon de réguler leurs propres désaccords: la démocratie. Celle-ci restait encore imprécise. Par-delà diverses acceptions et définitions, on s'accordait cependant à en attendre, le jour venu, des arbitrages justes, équitables, et intelligents: chacun son tour, dans le meilleur ordre possible pour l'unification croissante des sociétés ouest-africaines, les projets de tous et de chacun se réaliseraient.

Ce jour n'est pas venu, mais l'enjeu démocratique s'est précisé. Il s'agit désormais de dépasser une démocratie «cube Maggi», servie à toutes les sauces et à tous les discours, pour en refaire un objet concret et mobilisateur. Peu importe, en l'occurrence, l'épithète libérale ou sociale. Sans remobilisation, entente et convergence des forces sociales organisées, il ne saurait y avoir « socialisation» des démocraties libérales actuelles. À distance de ces mêmes forces sociales, les démocraties libérales ne sauraient non plus perdurer indéfiniment.

L'enjeu démocratique s'étend bien au-delà des figures de style gouvernemental. Il embrasse les conditions mêmes de reproduction des sociétés de la sous-région. Car dans toute l'Afrique de l'Ouest, des mouvements sociaux «dé-coalisés» se retrouvent désormais en position de double affrontement. D'une part avec l'État, comme en témoigne la permanence, jamais démentie, de revendications sectorielles aussi diverses qu'insistantes. D'autre part entre eux, dans un nombre croissant de conflits locaux où l'État, en dépit des brevets de démocratie que s'auto-décernent ses élites, renonce à intervenir ou n'y parvient plus (Le Meur *et al.* 1998, Lund 1998).

Mais comment penser un tel enjeu quand la notion de transition démocratique, sur laquelle l'analyse savante s'est polarisée à l'extrême, conduit à une impasse conceptuelle? Cette notion supposait en effet deux choses: un résultat connu d'avance, et une arrivée relativement rapide à ce résultat. L'indécision présente invite à une critique épistémologique.

On n'avancera pas ici une nouvelle théorie de la démocratie, ni de la démocratisation, entre lesquelles un immense fossé reste d'ailleurs à combler (Allison 1994). On ne dressera pas non plus d'état des lieux nationaux, car il en existe déjà en quantité. On proposera en revanche une réflexion conjointe sur les mots et les lieux du moment démocratique – ses terrains ou sites d'observation, les lieux sur lesquels ont pesé les mots ou dont ils se sont détournés, les lieux d'où parlaient les auteurs et les acteurs.

Les pages qui viennent préciseront d'abord la notion de moment démocratique, ses unités de temps (1988-1996) et d'espace (l'Afrique de l'Ouest dite francophone). La partie suivante proposera une géographie intellectuelle de ce moment: les savoirs et les discours sur la démocratie, leurs lieux d'élaboration, leurs distances mutuelles, l'organisation des débats fondamentaux et des circuits de diffusion. La formation et la dispersion des coalitions démocratiques feront l'objet d'une autre partie, centrée sur les deux grandes séquences que furent, pour la sous-région, la première alternance béninoise et les Conférences nationales. La conclusion reviendra sur l'enjeu démocratique contemporain, en soulignant l'opportunité d'une reconceptualisation qui valoriserait l'expérience sous-régionale.

Transitions, projets, moment

Dans la bouche des généraux Eyadema et Baré, le mot récréation désigne les quelques années qui faillirent emporter l'un – ou plus exactement *faillirent à*, échouèrent à l'emporter – puis amenèrent ou ramenèrent l'autre au pouvoir. Le même mot, donc, pour sanctionner deux échecs différents: au Togo, l'échec d'un projet d'alternance démocratique; au Niger, celui de sa réalisation effective. Une même charge d'auto-persuasion également, qui n'est pas sans rappeler celle du vocabulaire, sans doute plus hésitant, mais globalement conquérant, qu'auront justement vu s'épanouir ces années-là: transitions démocratiques, processus de démocratisation, expériences démocratiques...

Mots d'ordre (transitions démocratiques) ou mots de la fin (récréation), les mots ont leur importance. Ils révèlent ou masquent des stratégies d'acteurs, et d'une manière ou d'une autre contribuent à les orienter. Mais quand commencent, et quand s'arrêtent les transitions démocratiques?[10] Faut-il considérer qu'elles démarrent en bloc à la fin des années 1980, avec la perception d'un mouvement démocratique commun à l'ensemble des sociétés africaines? Ou plus tôt, avec dans chaque pays les premières manifestations singulières contre les partis uniques (en 1966 en ex-Haute-Volta, par exemple)?[11] Voire aussitôt que des dominés négocient ou imposent des limites à leur domination, c'est-à-dire aussi loin qu'on peut remonter dans l'histoire? Faut-il considérer que les transitions finissent avec les premières élections pluralistes reconnues libres et démocratiques — mais alors, reconnues par qui? — ou avec les élections suivantes, ou bien au-delà d'un certain seuil — mais lequel? — de refonte institutionnelle, ou encore avec la «satisfaction» — mais comment la mesurer? — des sociétés concernées?

Du débat souvent houleux sur ces questions, on peut retenir avec Osaghae (1995a) que les transitions démocratiques devaient prendre fin quand elles se seraient avérées suffisamment pertinentes, au regard des «besoins» et des «circonstances» des pays concernés (*when they prove to be appropriate to the needs and circumstances*) pour que suffisamment de démocrates soient prêts à lutter pour préserver leurs acquis. Avec, pourraient d'expérience ajouter les malheureux démocrates togolais, suffisamment de poids pour l'emporter face aux chars et aux canons. Cette nuance très importante ne changerait toutefois pas grand chose à la profondeur du problème épistémologique. Les «besoins» et les «circonstances» étant variables dans le temps, et à défaut de dons divinatoires permettant de prédire la disponibilité des démocrates à une lutte éventuelle — *a fortiori* l'issue de cette dernière — l'on ne saurait en effet assurer que l'achèvement des transitions soit une question résolue ni même résoluble.

Foncièrement prédictive, la notion de transitions démocratiques impliquait pourtant, à plus ou moins court terme[12], une issue victorieuse. Leur achèvement ne pouvait qu'être heureux: les transitions voulues démocratiques, au Niger comme au Togo ou ailleurs, n'ont donc pas pris fin en 1996. Mais l'on ne saurait non plus affirmer qu'elles continuent: il y a dans le mot transition la promesse d'un mouvement relativement linéaire, certes susceptible d'enregistrer des heurts, mais dont la dispersion des coalitions démocratiques fait perdre la trace. Et pourtant, quelque chose s'est passé...

Ce quelque chose, pourquoi ne pas en rendre compte en termes de luttes démocratiques? L'offensive idéologique libérale sur le marxisme a certes rendu le mot lutte moins attrayant. Celui-ci n'en conserve pas moins sa validité. Demeure en tout cas, et c'est ce qui fait la remarquable actualité du texte d'Osaghae (1995a:189), la «nature expérimentale» des systèmes politiques et des luttes pour leur transformation.

À se replier sur une analyse en termes de luttes uniquement, on s'exposerait toutefois à une perte de sens. On devrait nécessairement entrer dans le détail concret d'une série d'études de cas, dont il n'est pas dit que puisse émerger la dynamique entretenue, en pratique, par l'adhésion à l'idée de transitions. Il serait à ce propos plus exact de parler de «projet», au sens marcusien du terme:

> un choix déterminé, l'appréhension d'une manière parmi d'autres de comprendre, d'organiser et de transformer la réalité. Le choix initial détermine la série des développements qui s'offrent à lui dans cette direction, il élimine les choix qui ne sont pas compatibles avec lui (Marcuse 1968:243).

Les «transitions démocratiques» furent en effet une manière particulière d'appréhender notre fin de siècle. Elles ont focalisé l'attention à l'extrême, quand bien d'autres mutations (économiques, sociales, urbaines, culturelles...) étaient, et restent, en cours. Elles ont organisé la réalité, ne serait-ce qu'en faisant de l'enjeu démocratique son enjeu central. Elles l'ont transformée aussi, même si leur prophétie auto-réalisatrice, en n'aboutissant pas, gêne considérablement l'intelligence du changement réalisé.

La notion de transitions démocratiques ne permet pas de poser correctement la question des bilans. Elle autorise tout au plus une liste de quelques «résultats» partiels (plus grande liberté de presse, multipartisme, élections pluralistes...), préconçus comme constitutifs d'un objectif plus général mais souvent égaré en cours de route. Une alternative, peu satisfaisante, serait de clore sans gloire ce chapitre de notre histoire intellectuelle, de le classer sans suite. Pour vérifier que beaucoup y inclinent, il suffit d'observer la récurrence désormais décroissante de la question démocratique dans les discours sur l'Afrique.

Mais qu'est-ce qui a changé, en quoi et pour qui, par qui et comment, et quelle expérience en tirer pour la poursuite des luttes démocratiques? Dans cette perspective, quelle est la portée des quelques acquis — car il y en a, à commencer par la nouvelle respectabilité des formes démocratiques — et que signifient-ils ou pourraient-ils signifier pour les générations naissantes ou futures? La notion de projet se prête encore à ce nécessaire exercice de bilan, à condition toutefois de passer les projets au pluriel: projets de qui? Portés par qui?

La jeunesse urbaine, les syndicats, les journalistes, les partis politiques, pour s'en tenir à quelques acteurs importants de la revendication démocratique, n'auront pas nécessairement partagé les mêmes analyses, les mêmes stratégies ni les mêmes tactiques, et l'on ne saurait d'ailleurs s'en étonner puisque tous auront également — et légitimement — visé des objectifs particuliers. Dans des contextes nationaux différents, dominés par exemple au

Togo par la violence du régime, ou au Bénin voisin par sa faillite financière, la revendication démocratique aura par ailleurs pris des élans différents (Heilbrunn 1993, Nwajiaku 1994).

Plus loin en kilomètres, sinon en influence, le renoncement ponctuel des institutions financières internationales à soutenir d'avantage des régimes autoritaires et endettés, n'équivalait pas non plus aux projets autochtones. Ce renoncement obéissait là encore à une logique propre. Il s'inscrivait dans une démarche visant à établir un environnement politique plus réceptif aux programmes d'ajustement structurel, où de nouveaux leaders sauraient se montrer à la fois plus rigoureux sur leur application et mieux susceptibles de les légitimer qu'au cours des années 1980 (Abrahamsen 2000). Le fait que les sociétés africaines n'aient pas démocratiquement souscrit à de tels programmes était tenu, dans cette logique, pour une donnée secondaire (Gibbon *et al.* 1992, Mkandawire et Olukoshi 1995).

Par-delà les différences de situations et même les contradictions d'intérêt, par-delà également les frontières, s'est néanmoins mis en place ce que les historiens appelleraient un «moment». Par moment démocratique, je propose ici d'entendre la conjonction, dans un même mouvement d'ensemble, de trois dynamiques aux échelles emboîtées:

- Pays par pays, une dynamique fédérative s'est installée, par laquelle s'est formé et a été poursuivi un projet démocratique tenant lieu de dénominateur commun à un grand nombre de projets et de luttes hétérogènes. L'objectif partagé était explicitement d'instaurer «la démocratie», mais les définitions de cette dernière, ses interprétations et ses significations possibles sont restées suffisamment imprécises pour autoriser l'émergence de mouvements démocratiques nationaux et entretenir leur cohésion. Une telle imprécision ne devrait pas être interprétée sous le seul signe de l'ambiguïté ou de la défaillance; elle figure à part entière parmi les conditions de formation — et de dispersion — des coalitions nationales.

- Une dynamique transnationale, également, qui a transcendé la diversité des contextes nationaux. Le choix d'une échelle sous-régionale d'observation, en l'occurrence pour l'Afrique de l'Ouest dite francophone, permet d'appréhender cette autre dimension fédérative du projet démocratique. Les luttes démocratiques se sont déroulées pays par pays, dans des circonstances chaque fois singulières, mais l'information relative à leurs divers succès ou déboires nationaux (face à divers contre-projets autoritaires, plus ou moins fédérés eux aussi) s'est largement répercutée chez les voisins, entretenant ainsi, non seulement la conscience historique d'une trajectoire commune,

mais également la circulation de certaines pratiques concrètes (années scolaires blanches ou invalidées, Conférences nationales, boycotts électoraux...).
- Enfin, une dynamique idéologique mondiale, marquée par la croyance en un sens de l'histoire qui périmerait ou tendrait à périmer les dictatures. Le monde s'est alors réparti en deux catégories étanches, les démocrates du côté du progrès, et de l'autre les antidémocrates, réputés, par anticipation, anachroniques. Ce grand partage est apparu suffisamment convaincant pour que les plus fieffés autocrates, un temps sur la défensive, se résolvent à donner des gages formels d'engagement démocratique. Cette dernière dimension est essentielle à la compréhension, aux échelles inférieures, des stratégies de résistance à la démocratie.

1988-1996, repérage symbolique

Si l'on accepte de réfléchir en termes de moment démocratique, plutôt que de transitions, on réalise qu'il ne s'agit déjà plus, en 1996, de savoir si «la récréation continue au Bénin» (Adjovi 1998:11-17). En mars 1996, les électeurs béninois ramènent l'ancien dictateur Mathieu Kérékou au pouvoir. Cinq ans plus tôt, ils l'avaient congédié. Son retour peut bien marquer une nouvelle avancée de l'expérience démocratique béninoise, ou au contraire un reflux — les avis sont fortement partagés. Une chose est sûre, cependant: le Bénin est redevenu un cas à part. Comme, d'ailleurs, chacun des pays voisins...

L'alternance électorale de 1991, qui avait fait de Kérékou l'un des tous premiers présidents en exercice à accepter une défaite, passait pour reproductible par et chez les voisins. Avant cela, l'invention béninoise de la Conférence nationale, qui avait elle-même préparé, en février 1990, cette alternance à venir, fut avec des fortunes diverses l'inspiration sinon le prototype des Conférences nationales togolaise, nigérienne et malienne dans la sous-région et, plus loin, des versions gabonaise, congolaise, zaïroise et tchadienne (Mouelle Kombi II 1991, Tshiwula 1992, Titra Libertitres 1993, Raynal 1994).

Mais qui, cette fois, trouverait la moindre inspiration dans le dernier épisode du scénario béninois? Plus personne, ne serait-ce que faute de candidats. Là où l'on a connu un changement à la tête de l'État — et ce n'est assurément pas le cas général — il n'y a plus, en 1996, de revanche électorale possible. Au Niger, l'armée a déjà renversé Mahamane Ousmane. Au Mali, l'ancien dictateur Moussa Traoré reste en prison, inéligible par excellence. En Côte d'Ivoire, Félix Houphouët-Boigny est mort. Partout ailleurs, les anciens dirigeants sont restés en poste. Une deuxième alternance à la béninoise, inversant la première, n'est nulle part envisageable dans la sous-région.

Le retour électoral de Kérékou a été abondamment commenté. Aucune capitale africaine, hormis peut-être Cotonou la béninoise, ne l'a cependant accueilli avec une explosion de joie semblable à celle qui, cinq ans plus tôt, saluait jusqu'aux rues de Dakar sa défaite, et surtout son acceptation de cette défaite.

Il n'est pas anodin qu'avant même la proclamation définitive des résultats de l'élection présidentielle béninoise de 1996, ce soit Ibrahim Baré Maïnassara, à mi-chemin de sa propre ascension – trois mois après son coup d'État, trois mois avant son hold-up électoral – qui se déclare, sur les ondes d'une radio nigérienne vite reprise par RFI, comme le premier à vouloir féliciter Kérékou. Ce dernier n'osera pas l'en remercier trop ostensiblement. Il s'abstiendra d'assister à la cérémonie d'investiture d'IBM, «rehaussée» (dans le langage consacré) par la présence d'un seul chef d'État, Blaise Compaoré, du Burkina Faso. Il faudra encore attendre deux ans pour voir l'amicale des Chefs d'État du Conseil de l'Entente poser devant les photographes, presque au complet[13], en juillet 1998, à l'occasion de l'investiture d'Eyadema au Togo.

L'année 1996 paraît toutefois la mieux indiquée pour marquer, symboliquement, la clôture du moment démocratique sous-régional. On peut difficilement entretenir plus loin l'idée de trajectoires nationales parallèles, tendant chacune et toutes ensemble vers un même horizon démocratique. Le coup d'État d'IBM au Niger et la présidentielle au Bénin signalent l'entrée de la sous-région dans une autre période, dont la démocratie n'est plus nécessairement le fil conducteur ni le *leitmotiv*. Lorsqu'on l'interpelle sur l'étendue de la corruption au Bénin (ARD 1997, *Mise au Point* 1997), le président Kérékou se retranche volontiers derrière «votre» constitution, «votre» démocratie, qui «nous» empêchent de lutter contre cette corruption...

La sous-région n'est d'ailleurs pas seule à tourner une page en 1996. Après Kérékou en mars, le deuxième ancien dictateur à gagner une revanche électorale sera Didier Ratsiraka en décembre à Madagascar. La nouvelle forme de coup d'État inaugurée au Niger en janvier – contre un pouvoir civil issu de la dernière vague de démocratisation – est rééditée en juillet au Burundi. Des mutineries dans l'armée guinéenne en février, et centrafricaine à partir d'avril, échouent de peu à renverser les présidents Lansana Conté et Ange Patassé mais la remilitarisation de la vie politique se banalise[14]. Elle atteindra son pic l'année suivante au Congo-Brazzaville où Denis Sassou-Nguesso reprend, par la guerre civile, le pouvoir qu'il avait perdu dans les urnes en 1992.

Reste la question des débuts. Les élections présidentielle et législatives de février 1988 au Sénégal fournissent, toujours symboliquement, un repère. Ces élections revêtent, pour la formation du moment démocratique sous-régional, une triple importance.

Tout d'abord, elles préfigurent la revendication focale de toutes les oppositions de la sous-région et, avec elles, des forces démocratiques: le départ des chefs d'État en exercice. Quand la démocratie se reconnaissait essentiellement, pour le président Abdou Diouf, au «fonctionnement normal» des institutions, au multipartisme et au respect des échéances électorales, l'opposition sénégalaise avançait d'autres critères: la possibilité, et la réalisation d'une alternance (Ndiaye et al. 1990, Daff 1996). La fraude électorale, solidement implantée dans la vie politique sénégalaise depuis l'époque coloniale, a une nouvelle fois été au rendez-vous:

> L'opposition ne se priva donc pas d'affirmer que certains partisans du PS (Parti socialiste, au pouvoir) avaient pu voter dans la plus pure tradition de Chicago, «de bonne heure et souvent» (...). Cependant, bien que de telles malversations aient effectivement existé, leur véritable amplitude et leur influence sur les résultats restent encore à déterminer (Young et Kanté 1997:99).

Au sortir de nombreuses autres élections, ailleurs dans la sous-région, une pareille incertitude sera un facteur récurrent d'affrontement, tantôt en justice, tantôt dans la rue.

Ensuite, et surtout, les élections sénégalaises de 1988 signalent l'irruption massive de la jeunesse urbaine dans le champ politique (Diouf 1996). Sur la route de Thiès, bastion sénégalais du syndicalisme cheminot, Abdou Diouf eut la surprise, trois jours avant le scrutin, d'essuyer des jets de pierre qu'il attribua à une «jeunesse malsaine». La majorité électorale, 21 ans à l'époque, éloignait encore du scrutin un groupe d'âge particulièrement frappé par le sous-emploi, et très réceptif au mot d'ordre du *Sopi* (changement, en wolof). À Dakar, la jeunesse se mit en première ligne pour défendre Me Abdoulaye Wade, challenger malheureux, promptement embastillé en compagnie d'autres opposants, jugé et condamné comme eux.

Le «pape du *Sopi*» fut rebaptisé «Monsieur le Président», parfois avec humour[15], mais avec une véhémence suffisamment prolongée pour qu'Abdou Diouf et le PS engagent une «décompression politique» (Diop et Diouf 1999:160): Me Wade entrera au gouvernement en 1991, en démissionnera avant la présidentielle de 1993, y retournera, en ressortira avant les législatives de 1998 et finira par gagner le surnom moins glorieux de «Thsisekedi sénégalais». Comme l'opposant ministre de Mobutu au Zaïre, et comme bien d'autres opposants africains associés à des gouvernements dominés par leurs

23

adversaires, il aura échoué — ou renoncé avec sagesse, selon les perspectives — à prendre le pouvoir que la rue, à un moment donné, lui offrait.

Enfin, les élections de 1988 ont fissuré l'image de marque du Sénégal, qui était alors l'unique vitrine politiquement présentable de la France en ses ex-colonies. L'état d'urgence décrété dans la foulée des résultats officiels, la flambée émeutière qui leur fit aussitôt écho, les chars postés aux principaux carrefours, le cri général de révolte, tout cela a fait mauvais effet (Diouf 1994). Les dirigeants sénégalais se sont trouvés contraints de tirer un peu moins d'orgueil de leur «vieille tradition démocratique»[16]. L'ancien modèle sénégalais de «démocratie sans alternance» s'est épuisé en 1988. Cette année a marqué le relèvement, bien plus haut, de la barre des exigences populaires sous-régionales.

L'agitation post-électorale allait durer plus d'un an, jusqu'à ce que les «événements» avec la Mauritanie — chasse au faciès et massacres symétriques anti-Mauritaniens à Dakar, anti-Sénégalais et Mauritaniens noirs à Nouakchott et Nouadhibou — lui servent d'exutoire et amènent une «trêve sur le front intérieur» (Young et Kanté 1997:102). Pour sa part, la Mauritanie venait seulement de renouer avec des élections, au niveau local (Abdoul 1996), après un sevrage de dix ans.[17] Mais elle vivait surtout au rythme d'un nationalisme arabe de plus en plus chauvin, et de sa contestation. La diffusion clandestine, en avril 1986, d'un manifeste dénonçant l'oppression des Mauritaniens noirs[18] puis l'accusation de complot portée contre des officiers négro-mauritaniens, en octobre 1987, avaient précipité une vague d'arrestations, l'exécution de trois officiers, la radiation de 500 militaires noirs... et déjà, d'immenses protestations. Dans le même temps, la mise en service des barrages construits sur le Fleuve Sénégal, qui sépare les deux pays, exacerbait la compétition pour les terres, les contradictions locales et les raidissements identitaires (Ba 1998).

Les cas du Sénégal et de la Mauritanie n'étaient pas exceptionnels. On trouverait difficilement, à la fin des années 1980, un pays de la sous-région qui échappe à l'accumulation, à l'emballement et à l'enchevêtrement de multiples crises. On en chercherait vainement un dont les gouvernants — peu importe le régime: militaire, de parti unique ou de parti hégémonique — apportent à ces crises des solutions politiques, pacifiques, légitimes. L'acculement des gouvernants à la défensive a parfois concurrencé plus tôt. Ainsi, au Bénin, les marches et manifestations des élèves en 1985 ont certainement marqué un tournant plus décisif que le renoncement, fin 1989, du PRPB (Parti de la révolution populaire du Bénin, ex-parti unique) à un «rôle dirigeant»... qu'il ne remplissait déjà plus (PCD 1985). Mais c'est surtout à partir de 1988 que s'affirme au Bénin une tendance insurrectionnelle, et que se répand en particulier le châtiment de l'acide ou du vitriol contre les briseurs de grève et les collaborateurs, de plus en plus discrets, du parti unique (Lalinon Gbado 1991).

La fin des années 1980 voit en outre l'émergence d'une nouvelle génération de journalistes. Souvent issue des placards où l'ancienne presse aux ordres remisait ses fortes têtes — desks internationaux des quotidiens officiels, ministères de la Communication — elle s'affirme plus soucieuse que ses aînés d'exercer le métier d'informer dans les règles de l'art, à commencer par le respect des faits et la liberté de commentaire (Institut Panos *et al.* 1991, SDLP et UJAO 1995).

Après *Sud Magazine* en 1986 au Sénégal (qui deviendra *Sud Hebdo* à la veille des élections de 1988 puis *Sud Quotidien* à l'occasion des élections de 1993), *Le Cafard Libéré*, toujours au Sénégal en 1987, *La Gazette du Golfe* en 1987 et *Tam-Tam Express* en 1988 au Bénin, une floraison de titres privés vient combler un vide. Elle redonne à la sous-région des sources d'information plus directes, et surtout plus consistantes et précises que la presse africaniste étrangère — notamment *Jeune Afrique*, dont dépendaient jusque-là les quelques bribes d'information glanées sur la situation au pays, parmi la distillation de publi-reportages plus ou moins déguisés.

Des corollaires au moins partiels de cette ouverture sont la nouvelle visibilité de mouvements sociaux de grande ampleur, celle également d'une opposition politique jusque-là contrainte à la confidentialité, et l'ouverture, via un courrier des lecteurs généralement abondant, de nouveaux forums de discussion sur les situations nationales.

Retenons donc 1988-1996. Symboliquement, approximativement. Bien qu'aucune datation, celle-ci pas plus qu'une autre, ne puisse jamais prétendre à l'innocence. Car en retenant 1988, il s'agit aussi d'insister sur deux points critiques.

D'une part, la notion de transition est décidément peu heuristique: elle conduirait à exclure le Sénégal — vieille ou vieillissante démocratie, qui n'a *ipso facto* pas pu connaître de «transition démocratique» — des réflexions plus larges sur les pays «francophones» d'Afrique de l'Ouest[19]. Le Sénégal est pourtant emblématique de ce que nous définissons ici, en insistant sur la puissance mobilisatrice des revendications d'alternance, comme un moment démocratique.

D'autre part, 1988 vient avant 1989 ou 1990, c'est-à-dire avant la chute du Mur de Berlin ou le fameux Discours de La Baule, par lesquels on fait trop souvent débuter, au risque de n'y rien comprendre, ce «mauvais moment» à passer par les autoritarismes africains, qu'ils soient «francophones» ou non, de l'Ouest ou d'ailleurs.

Qu'est ce que l'Afrique de l'Ouest «francophone»?

Où commence, où s'arrête l'Afrique de l'Ouest dite francophone? Par commodité, cet essai considère qu'elle correspond à l'ensemble des pays suivants: Bénin, Burkina Faso, Côte d'Ivoire, Guinée, Mali, Mauritanie, Niger, Sénégal, Togo. Mais il convient de noter que le recours à deux critères de définition – géographique – de l'Ouest – et linguistique – francophone – ne va pas de soi. Ce recours conjugue en fait deux indécisions.

L'Afrique de l'Ouest, tout d'abord, reste à géométrie variable. Elle est usuellement comprise comme la somme des États membres de la CEDEAO[20]. Mais beaucoup de facteurs dépendent de ce qu'on observe ou qu'on veut observer. D'autres organisations inter-gouvernementales, prenant acte du formidable pouvoir d'attraction du Nigeria sur les économies voisines, incluent dans l'ensemble ouest-africain tout ou partie du Tchad, ainsi que le Nord du Cameroun, voire l'Ouest de la République centrafricaine (Cinergie 1993). Certains idéologues, soucieux d'opposer une Afrique arabe à une Afrique noire, en retranchent au contraire la Mauritanie et s'interdisent alors de comprendre un enjeu fondamental de la revendication démocratique dans ce pays: le maintien, contre la politique d'arabisation, d'une double appartenance à l'Ouest et au Nord du continent (*REMMM* 1990, Omaar et Fleischman 1991).

La multi-appartenance, en effet, demeure l'un des principes organisateurs de la géographie politique africaine, en général, et singulièrement ouest-africaine. Elle assure la cohésion d'ensemble et le dynamisme de multiples espaces aux contours fluides et aux contenus interdépendants – espaces linguistiques, ethniques, religieux, marchands... Elle détermine de proche en proche, avec les migrations et le recouvrement partiel de ces espaces, leurs chaînes de complémentarité, même conflictuelle, et d'interdépendance (Gu-Konu 1992, Broomh 1994).

Le découpage sous-régional n'est à cet égard pas moins arbitraire que les frontières étatiques. Il traverse toujours quantité de terroirs et de réseaux «réellement existants», diversement articulés aux États, sans doute moins visibles qu'eux sur les cartes et les mappemondes, mais certainement pas moins essentiels à la compréhension du moment démocratique. Avec ses 27 181 km de frontières inter-étatiques, la sous-région détient un record africain qui accélère d'autant la diffusion transfrontalière des idées et des pratiques politiques.

S'il convient d'insister sur ces rapports entre unité et diversité — l'une malgré l'autre, ou l'une parce que l'autre — c'est avant tout pour dépasser un paradoxe apparent, entretenu par maints observateurs trop pressés pour même le remarquer: on accentue volontiers, parmi les ferments de contestation de l'ordre postcolonial, l'échec du projet d'État-nation, compris comme la négation autoritaire de la diversité constitutive des sociétés africaines; mais c'est à l'intérieur des frontières d'État, et surtout à leur échelle, qu'on observe et décrit dans le même temps, sans guère s'en étonner, la revendication démocratique. Voilà donc des nations dont on présume l'inexistence, et qui pourtant contestent et revendiquent...

Le moment démocratique sous-régional est-il porté par des communautés politiques nationales juxtaposées, susceptibles d'entretenir dans la durée, avec peut-être quelques revers passagers, des trajectoires de démocratisation relativement autonomes? Ou est-il structurellement sous-régional, et faut-il alors relativiser les «circonstances» spécifiques qui ne présideraient que provisoirement aux aléas nationaux? Ou encore tient-il d'un effet d'optique entretenu par une polarisation conjoncturelle, et dont il conviendrait alors d'étudier plus minutieusement les procédures, tant nationales que sous-régionales?

D'autres géographies seraient nécessaires, qui prendraient ensemble, et la question nationale, et la question de l'État plus au sérieux. L'une d'elles pourrait bien s'articuler autour des pratiques de résistance à la domination et de leurs variations, entre des villes capitales réputées à bon droit turbulentes et des campagnes apparemment plus mesurées, mais dont les lectures de la démocratie sont surtout d'accès plus difficile aux chercheurs (Gervais-Lambony 1994, Tag 1994, Bierschenk et Olivier de Sardan 1998). Il s'agit en tout cas de se pencher sur la puissance unificatrice de la revendication démocratique et de l'action collective (Nwokedi 1993a, Banégas 1995).

Sous ce rapport, le moment démocratique réactive le précédent des luttes anti-coloniales, avec leurs larges coalitions nationales ou nationalistes — bientôt brisées par les nouvelles oligarchies naissantes. Les coalitions de l'époque ne se réclamaient pas toujours nommément de la démocratie, mais n'en défendaient et poursuivaient pas moins le principe: le droit de tous, colonisés à l'époque, de débattre et décider des choix économiques, politiques et sociaux engageant la vie de chacun. La départicipation, désignant à la fois leur répression, leur dispersion et le rétrécissement galopant de l'arène politique, fut bien le maître-mot des premières années ou décennies d'indépendance (Kasfir 1976).

Le retour à une participation massive, quelles que puissent être ses lacunes et son caractère passager, se présente comme un trait saillant du moment démocratique. Mais il ne transparaît qu'imparfaitement dans le renversement des représentations dominantes de l'Afrique de l'Ouest. Trois décennies durant, des indépendances à la fin des années 1980, les coups d'État ont fait la réputation de la sous-région. Inaugurés par l'armée togolaise en janvier 1963, avec le renversement et l'assassinat du président Sylvanus Olympio, ils s'imposèrent rapidement comme le mode privilégié de renouvellement des personnels dirigeants. Sans être spécifiques à l'Afrique de l'Ouest, ils y furent assez fréquents pour entretenir l'image d'un berceau ou foyer ouest-africain du militarisme en Afrique (Olukoshi 2001:1). C'est cette image qui se retourne brusquement au début des années 1990, quand l'Afrique de l'Ouest apparaît comme un bassin de démocratisation, avec un versant «francophone» particulièrement en relief pour ses Conférences nationales (Nwokedi 1993b, Clark 1994, Monga 1994, Robinson 1994).

L'initiative de la reparticipation politique est restée informée, sinon totalement déterminée par l'expérience des cycles antérieurs de participation et de départicipation, autrement dit par l'inachèvement des luttes contre l'exclusion coloniale et le renouvellement de l'exclusion sous les régimes issus de la décolonisation (Ibrahim 1992, Kasfir 1992). C'est en cela, principalement, que l'Afrique dite francophone peut encore représenter un espace pertinent d'analyse.

Car la définition linguistique de cette Afrique-là non plus, ne va pas de soi (Midiohouan 1988, Singh 1994). Qui est francophone en Afrique «francophone»? Langue du pouvoir officiel, des institutions et du jeu politique formel, la langue française n'y est pas celle de la majorité. Il serait impossible de comprendre la formation des projets démocratiques dans cette seule langue (Santos 1991, d'Ans 1995, Schaffer 1998). Mais il serait également impossible de s'en passer.

L'Afrique de l'Ouest «francophone» sera plus clairement comprise comme l'ex-Afrique occidentale française, l'AOF dont elle conserve d'ailleurs le sigle. L'autre sigle conservé, symbole de continuité, est celui du franc CFA. La monnaie des anciennes «Colonies françaises d'Afrique» est devenue celle de la «Communauté financière d'Afrique». Même en Guinée et en Mauritanie, qui n'appartiennent pas à la «zone franc», le premier instrument de la politique africaine de la France est l'argent, le deuxième est la coopération militaire, le troisième la personnalisation des liens entre élites françaises et dirigeants africains. La francophilie de ces derniers a longtemps valu pour un facteur bien compris de longévité politique, de corruption partagée, et de complaisance et compromission française avec les dictatures les plus brutales (Martin 1985, Martin 1995, Médard 1995).

Il y a néanmoins quelque abus à évoquer, à l'instar de Gardinier (1997:9), une «commune culture politique francophone». Le mot culture est à la fois trop gros, encore trop imprécis, et surtout extrêmement réducteur dans son emploi au singulier. On néglige alors le fait que d'autres «cultures politiques» franchissent allègrement les barrières linguistiques officielles, comme celle dont Fyle (1994) observe l'unité entre la Guinée «francophone», la Sierra Leone et le Liberia «anglophones».

La Guinée fut le premier État africain à se détacher de l'empire français, après son «Non» retentissant au référendum de 1958 qui différait encore de deux ans l'indépendance des autres membres de l'AOF. Cette audace lui valut un long isolement, Sékou Touré étant traité par la France comme un pestiféré. On peut raisonnablement penser que l'éventuelle «culture politique francophone» s'y soit plus relâchée qu'ailleurs. Mais lors des émeutes de juin 1993 à Conakry, l'on a encore vu des militaires français piloter les chars et manipuler eux-mêmes les canons à eau[22]. Ils instruisaient alors leurs homologues guinéens à la dernière doctrine africaine de la France: répression d'accord, mais à moindre coût humain.

Plutôt que de «culture politique francophone», il vaut mieux parler d'une emprise ou d'une incidence française, un ensemble d'influences, d'ingérences et d'effets induits. Cette incidence passe, sinon par la langue française, par un jeu de signes et de repères, de significations partageables par tous et chacun (Midiohouan 1994). Car il y a langue et langue. Les pages qui suivent s'engouffreront dans la brèche théorique ouverte, pour l'Inde, par Kaviraj (1995:5-6):

> Il est préférable, d'une certaine manière, de ne pas traiter la démocratie comme un régime gouvernemental, bien que cela lui confère ce caractère agréablement concret qui plaît tant aux politistes ayant du goût pour le quantitatif. Pour le tiers-monde, une meilleure stratégie consiste à la traiter, de manière plus problématique, comme une «langue», comme une manière de concevoir et, si les circonstances s'y prêtent, de modeler le monde. J'y vois de très grands avantages. En procédant ainsi, on peut mieux saisir à la fois sa présence très large et sa fragilité dans le tiers-monde: l'idée de démocratie y exerce une influence considérable sur la politique non parce qu'elle se réalise sous la forme de régimes, mais de par la force de l'imaginaire politique.
>
> L'un des traits distinctifs de la modernité est la croyance en la constructibilité du monde politique: l'ordre politique, tel un mécanisme, peut être fabriqué par les gens qui y vivent. Cette idée est profondément enracinée dans la langue dans laquelle on pense le politique (...).
>
> Par leur influence sur les actions quotidiennes de chacun, les concepts politiques structurent les possibilités historiques réelles. Si l'on prend au

sérieux un tel argument, on doit d'abord s'intéresser à la façon dont le langage de la démocratie est entré dans l'histoire politique de l'Inde.

Cette longue citation trouve d'évidentes résonances dans l'exclusivité «francophone» des Conférences nationales[23]. Elle en trouve d'autres dans la géographie, toujours «francophone», des gouvernements de cooptation de l'opposition — sous diverses appellations: gouvernements d'union nationale de transition, d'ouverture, de large rassemblement, de majorité présidentielle élargie, etc. Il se dessine en fait une aire d'incidence, dont l'unité signale sans doute moins une «culture» qu'une souveraineté incomplète et la nécessité de parler, entre soi, mais aussi à la France qui continue d'entamer cette souveraineté, un langage politique mutuellement intelligible. Toute langue politique, dans un pays autrefois colonisé, tient du créole.

Fin 1998, un nouvel argument en faveur de cette thèse était la «montée à Paris» de l'opposition sénégalaise, manifestant devant le Palais Bourbon quand Abdou Diouf s'y adressait, rare et insigne horreur, aux députés français. Dès son retour à Dakar, le président sénégalais devait taxer ses détracteurs de «haineux» (comme dix ans plus tôt la jeunesse était «malsaine»), alors que ceux-ci, naguère très remontés contre le néo-colonialisme français, reconnaissaient et entendaient plus simplement jouer le poids de la France.[24]

Jusqu'où, dans la balance entre autoritarisme et démocratie, ce poids s'est-il déplacé? Le Discours de La Baule, tenu en juin 1990 par François Mitterrand, passe pour une référence incontournable. En a-t-on assez mesuré l'ambiguïté? De ce discours, servi à l'ouverture du 16ᵉ Sommet des chefs d'État de France et d'Afrique, on retient et souligne avant tout la performance verbale. En rupture manifeste avec le ton des précédentes embrassades franco-africaines, un nouveau principe y était énoncé, celui de la «conditionnalité démocratique»: l'aide française serait désormais revue à la baisse pour les dictatures (République française 1990a et 1990b).

On néglige alors le fait que les paragraphes relatifs à ce principe furent rajoutés en dernière minute, à la grande surprise de François Mitterrand lui-même (Fottorino 1997:14). On ignore ou feint d'ignorer que ce rajout reflétait une extrême confusion et d'infinis tiraillements parmi une pléthore de «spécialistes», «connaisseurs» et autres «vieux amis français de l'Afrique» partagés entre l'Elysée, Matignon, le ministère de la Coopération et d'autres officines plus ou moins mercenaires — vision coloniale et liens inter-personnels obligent (Smith et Glaser 1992). On oublie enfin qu'il n'y avait déjà plus d'autre choix possible:

> La Baule sonnait faux, d'autant que Mitterrand avait eu à sa disposition, un an auparavant, lors de la célébration du Bicentenaire de la Révolution française

> (juillet 1989), une tribune prestigieuse et hautement symbolique pour se montrer plus ferme et véhément. Le Bicentenaire aurait pu permettre, en tout cas, de pousser «en douceur» le pré carré à faire de l'ouverture démocratique sans coût excessif (Toulabor 1993:130).

Quatre mois après la Conférence nationale du Bénin, deux mois après l'annonce du retour au multipartisme en Côte d'Ivoire, le Discours de La Baule ne pouvait plus que suivre, et non précéder, un mouvement déjà conquérant (Bayart 1991). Qu'il ait surtout fallu attendre la mutation de l'URSS, celle de l'Europe de l'Est, et même le lâchage par les États-Unis de quelques anciens protégés en Amérique latine ou en Asie (Marcos, Somoza, Noriega…), traduit bien l'embarras africain de la France. Un embarras dont on peut ainsi résumer la spécificité:

> Le dilemme (de la France) en Afrique francophone est le suivant: comment encourager les élites amies à réformer leur système politique sans précipiter leur remplacement par une opposition moins attachée à l'ancienne Métropole? (Gros 1998:9).

Pour les têtes de file du nouvel ordre ou désordre mondial (États-Unis, Banque mondiale, FMI, OMC), les choses se présentent plus simplement. Appuyer tout opposant susceptible de promouvoir, mieux que les pouvoirs en place, la liberté d'entreprendre, celle des capitaux, et d'abord l'ajustement structurel. De l'extérieur, le défi paraît moins politique que technique.

Au moins un génocide plus loin — au Rwanda voulu «francophone» — après le parrainage, toujours «francophone», de plusieurs réfections autoritaires — Togo, Cameroun, Djibouti… — et alors que les transferts financiers, en dollars comme en francs, continuent d'aller en priorité aux dirigeants les plus anciens, réputés «plus sûrs» que les rares nouvelles têtes sorties des urnes: la thèse d'un agenda impérialiste pro-démocratique s'est avérée une contradiction dans les termes (Kenneth 1993, CRRDPAF 1994, Dorce 1995, Monga 1995b).

3.

Une géographie des savoirs

On ne met pas des vaches dans tous les parcs que l'esprit construit.

Ahmadou Kourouma,
En attendant le vote des bêtes sauvages, 1998

La formation des points de vue

Les publications sur la démocratie et les processus démocratiques en Afrique ont connu une progression fulgurante à partir de 1989. Il existait déjà de nombreuses dénonciations des dictatures, principalement par des opposants en exil, mais la démocratie en tant que telle n'inspirait pas vraiment grand monde (Mahadevan *et al.* 1994). Ce n'est pas faire insulte aux auteurs des quelques travaux précurseurs (Sklar 1983, CERDET 1986, Anyang' Nyong'o 1987) que de rappeler qu'ils passaient pour des gens déraisonnables.

Le discours dominant était alors que les partis uniques correspondaient aux «besoins», voire aux aspirations de l'Afrique nouvellement indépendante, à la fois comme garants de l'unité nationale dans un contexte pluriethnique et comme moteurs du développement économique et social. Ces mérites supposés ont longtemps fait écran à leur contestation multiforme (indocilité aux mots d'ordre, mise en échec de l'encadrement paysan, attaques satiriques, tracts, grèves, dissidences...) ou, au mieux, ont servi à la décréter passagère et à railler son éparpillement.

Or, la contestation interne s'est non seulement maintenue, elle s'est élargie, à mesure que déchantaient au contraire les lendemains radieux promis aux indépendances. L'impossibilité d'ignorer les ravages de la répression menée au nom de la «dictature du développement» (Sklar 1987) et la profondeur croissante de la crise économique elle-même, dès le milieu des années 1970, puis surtout au fil des années 1980, décennie des programmes d'ajustement structurel – les fameux PAS – ont massivement épuisé la crédibilité de l'hagiographie pro-autoritaire. Elles n'ont cependant pas suffi à susciter une littérature différente et conséquente avant le tournant des années 1990 (Buijtenhuijs et Rijnierse 1993).

La conversion la plus spectaculaire fut alors celle des anciens souteneurs étrangers de l'autoritarisme, en mal de solutions à une crise de l'endettement à laquelle ils s'étaient complaisamment laissés prendre. La Banque mondiale pave dès 1989 la voie qu'emprunteront rapidement, pour un temps, tous les bailleurs de fonds, rebaptisés «partenaires au développement», multi- ou bi-latéraux, jusqu'à la France. Un rapport de la Banque sur l'Afrique subsaharienne stigmatise cette année-là l'échec économique de l'État, dédouanant sur ses carences la responsabilité d'une faillite largement partagée (Banque mondiale 1989). Il draine bientôt dans son sillage une nouvelle école de pensée n'associant plus le développement économique à la contrainte, comme naguère, mais désormais à une «ouverture» politique – la Banque ne risquant pas d'emblée le mot démocratie.

Ce revirement précipite une soudaine profusion d'écrits, les uns acceptant de voir dans la démocratie – le pas est vite franchi – une condition du développement, les autres, plus circonspects, soutenant l'inverse. Le débat théorique engagé dès 1988 par le CODESRIA sur cette question, et dont un courant important souligne que la démocratie peut bien être bonne en soi, indépendamment de tout effet éventuel sur les performances économiques, n'aura toutefois pas grand retentissement en Afrique «francophone».[25] Certes, on s'interrogera ici aussi sur d'éventuels rapports entre démocratie et développement (Ndiaye 1990, Kassé 1991, INADES 1992, INADES 1994). Mais le ton initial sera, plus qu'ailleurs, au volontarisme – «il faut les deux» – et à un double optimisme – «nous les aurons, quel qu'en soit l'ordre».

L'alliance insolite des bailleurs de fonds, maîtres d'œuvre de l'austérité des années 1980, et des protestataires urbains, premiers touchés par cette austérité, ouvre en tout cas à l'intelligentsia africaine de nouveaux espaces d'expression (Diouf 1993). De fait, l'activité intellectuelle restait jusque-là tendue entre les trois pôles de l'exil, de l'autocensure (objectivement fondée sur la connaissance du châtiment réservé aux voix discordantes, les tracasseries de toutes sortes, la prison, parfois la mort) et de l'opportunisme (tout aussi objectivement fondé sur la difficulté de survivre et les possibilités de carrière).

Les nouveaux espaces d'expression sont majoritairement des espaces d'«expertise»: tantôt auprès des bailleurs directement, co-optant à présent quelques-uns des dissidents qu'ils ne voulaient entendre hier, tantôt auprès d'un secteur associatif devenu lui aussi fréquentable (et finançable par les mêmes bailleurs), tantôt encore auprès de régimes éreintés, soucieux de réformes ou de réformettes.

L'africanisme pour sa part, ne s'expliquant pas pourquoi les sociétés africaines se dérobent à ses analyses, tente au passage de se renouveler. La revue *Politique africaine*, créée dès 1981 autour du «politique par le bas», avait déjà eu le temps de devenir la revue phare de l'africanisme français, le plus présent dans la sous-région, mais sans inspirer d'études de terrain correspondant à ses fortes ambitions programmatiques (Geschiere 1990, Bayart *et al.* 1992, Buijtenhuijs 1992). Le début des années 1990 se prête à une relecture très simplificatrice d'un de ses textes fondateurs, «La revanche des sociétés africaines», dont on ne retient abusivement que le titre et l'idée de réduire les relations de l'État à la société à un rapport purement, et nécessairement, conflictuel (Bayart 1983). La dynamique de ce rapport, sa complexité et ses ambivalences, tout comme celles des rapports internes aux mouvements de protestation, passent à la trappe, alors même que l'ouverture du moment démocratique se serait prêtée à des investigations *in situ*.

L'africanisme américain s'organise quant à lui autour du *Carter Center of Emory University* (1989, 1990) qui lance un vaste projet comparatif sur la démocratisation en Afrique. Ce projet se donne une nouvelle revue, *Africa Demos*, à laquelle participeront quelques auteurs francophones. Son influence dépassera largement le petit cercle des initiés pour orienter l'analyse des bailleurs de fonds, de leurs propres cadres de réflexion et de concertation et, indirectement, de très nombreux auteurs.

Transposant, pour l'essentiel, des nomenclatures élaborées pour l'Amérique latine, l'Europe méditerranéenne et l'Europe de l'Est, la revue du *Carter Center* s'applique à spécifier des «phases de transition» dans lesquelles chaque État africain, à tout instant donné, devrait pouvoir se trouver. Elle retient d'abord une phase de déchéance ou de déclin (*Decay*), marquée par la délégitimation des gouvernants; puis une phase de revendication (*Mobilization*) dans laquelle différents secteurs de la population réclament un changement; puis la décision de réformer (*Decision*), quand les gouvernants se décident sous la pression à consentir quelques ouvertures; la formulation des réformes (*Formulation*), où se précisent les modalités de la transition; la tenue d'élections (*Electoral Contestation*), suivie d'une alternance (*Handover*) pacifique et ordonnée; ensuite la légitimation des nouveaux gouvernants et plus largement du système démocratique (*Legitimization*); enfin, l'obtention d'un consensus général sur les règles de l'alternance politique (*Consolidation*).[26]

Sans pouvoir apprécier les entorses à cette belle linéarité, *Africa Demos* propose de classer les systèmes politiques africains en trois catégories («démocratique», «autoritaire», «démocratique sous contrôle»[27]) et d'apprécier l'«engagement démocratique» des gouvernants sur une échelle à trois petits niveaux: engagement «fort», «modéré» ou «ambigu».

L'insuffisance de ces spéculations ne tardera pas à être reconnue, la revue s'essayant bientôt à affiner son analyse en avançant un «index de qualité de la démocratie»[28]. Les performances des systèmes politiques africains seront alors décomposées en dix variables (participation, autonomie de la société civile, respect de l'État de droit, transparence électorale, liberté d'association, liberté de conscience et d'expression, respect des droits de l'Homme, indépendance de la justice, liberté de presse, contrôle civil de l'armée). Avec, pour chaque élément, une note de 1 à 3 autorisant bien des calculs croisés.

Les dynamiques en cours n'étaient bien entendu pas si simples à modéliser. Certains analystes apportèrent donc quelques corrections aux «phases» prévues par *Africa Demos*, sans toutefois s'en démarquer fondamentalement (CMA 1993). D'autres, optant pour des variables différentes (Martin 1993, Medhanie 1993), proposèrent de classer les «transitions démocratiques» selon le degré de changement réalisé – alternance ou pas, association de l'opposition au gouvernement, réactions ou restaurations autoritaires... – ou selon leurs procédures – par la voie des urnes, avec ou sans Conférence nationale, sous le contrôle des dirigeants en poste, par la violence...

La commune difficulté restait néanmoins d'incorporer des situations éminemment instables dans des tableaux rigides. En dépit, ou à cause de cette difficulté, les typologies et autres modèles classificatoires ont connu leur heure de gloire au début des années 1990. Il s'agissait alors de ramener les «transitions démocratiques» à un nombre limité de situations-types. La notion de transitions, ainsi renforcée dans sa pertinence présumée, a prospéré sur de telles approches.

Les prises de distance

Centré, pour l'Afrique de l'Ouest «francophone», sur la Conférence nationale du Bénin et sur la chute de Moussa Traoré au Mali, et aussi, chez de nombreux auteurs, sur le Discours de La Baule et l'implosion soviétique, ce premier temps de la littérature était massivement placé sous le signe de la conversion: la démocratie, autrefois tenue pour impossible, voire dangereuse sous certaines latitudes, passait soudain pour un bienfait à portée de main. Les malheurs du mouvement démocratique togolais occuperont une place importante dans sa dissipation et dans la mise en place d'un deuxième temps, empreint d'un cynisme croissant.

Parmi les incessants coups de force du général Eyadema (CNDH *et al.* 1993), un épisode retient particulièrement l'attention: la capture du Premier ministre Joseph Kokou Koffigoh au petit matin du 3 décembre 1991, chars d'assaut et tirs d'obus à l'appui, par des militaires réputés «incontrôlés» qui le conduisent à la résidence privée du président[29]. Traumatisé, le Premier ministre allait à partir de là se montrer beaucoup plus conciliant avec le général Eyadema (Koffigoh 1992a, Koffigoh 1992b). Cet épisode est significatif pour au moins deux choses. Primo, les démocrates togolais, mais ils n'étaient pas les seuls, avaient sous-estimé la capacité de nuisance d'un régime aux abois. Secundo, Koffigoh — il n'était pas non plus le seul — avait surestimé l'engagement démocratique de la France. Pour avoir trop fait confiance à l'ambassadeur de France à Lomé, Bruno Delaye, qui l'assurait de la bienveillance militaire française, il aura repoussé l'idée d'en appeler au voisin ghanéen, pourtant mieux disposé à lui envoyer un renfort (Degli 1996:133-39). Les troupes françaises, regroupées au Bénin, se garderont d'intervenir en sa faveur.

Ce lâchage en bonne et due forme soulèvera une vague d'indignation, au Togo bien sûr, mais aussi dans toute la sous-région. Il éclairera cependant le virage annoncé quelques jours plus tôt au Sommet de la Francophonie à Chaillot, dont le Premier ministre togolais venait tout juste de rentrer. Un Mitterrand déjà moins bousculé par les événements s'y était prononcé en faveur d'une démocratisation «au rythme de chaque pays» (Sada 1991).

Chacun «à son rythme», une majorité d'anciens régimes aura ainsi les mains plus libres pour laisser passer le Printemps de la démocratie, ou le Vent d'Est, selon les perspectives — deux métaphores climatiques bientôt abandonnées par la littérature. En examinant aujourd'hui, avec un peu de recul, l'évolution des alternances présidentielles au cours des années 1990, on observe un double renversement de conjoncture.

D'une part, la tendance au renouvellement, forte en début de décennie, a marqué le pas. Ainsi, au tournant du siècle, cinq pays d'Afrique de l'Ouest «francophone» sur neuf conservaient des présidents rétifs à l'alternance: le Togo (Gnassingbé Eyadema 1964-), le Sénégal (Abdou Diouf 1981-2000), la Guinée (Lansana Conté 1984-), la Mauritanie (Maaouya Ould Sid Ahmed Taya 1984-) et le Burkina Faso (Blaise Compaoré 1987-).

D'autre part, les conditions mêmes de l'alternance se sont détériorées. Pour les années 1990, il y a d'abord eu trois élections compétitives, toutes trois «préparées» par des Conférences nationales: au Bénin en 1991 (élection de

Nicéphore Soglo), au Mali en 1992 (Alpha Oumar Konaré), au Niger en 1993 (Mahamane Ousmane). La présidentielle ivoirienne de 1995, boycottée par l'opposition dite significative, a ensuite confirmé l'arrivée au pouvoir d'un dauphin (Henri Konan Bédié, successeur constitutionnel de feu Houphouët-Boigny). Puis sont intervenues deux nouvelles alternances par élection compétitive, les deux dernières de la décennie, en 1996 au Bénin (Kérékou 2) et au Niger en novembre 1999 (Mamadou Tanja). Ces deux élections étaient celles du retour des ex-partis uniques. La dernière d'entre elles, celle du Niger, faisait suite à deux coups d'État militaires, en 1996 (IBM) puis en avril 1999 (Mallam Wanké). En décembre 1999 enfin, l'ultime alternance du siècle s'est faite à nouveau par coup d'État militaire, en Côte d'Ivoire (Robert Gueï).[30]

Le ton général de la littérature bascule de toute façon vers 1993. En avril de cette année-là, des émeutes font tomber le premier gouvernement de l'alternance malienne, dirigé par Younoussi Touré. Si le Mali n'a pas touché la «prime à la démocratie» entrevue à La Baule, rien n'indique qu'elle aurait suffi à satisfaire les revendications matérielles de presque toutes les catégories sociales (bouchers, artisans, commerçants, fonctionnaires, élèves et étudiants, jeunes diplômés sans emploi...) ni surtout à contenir la dynamique insurrectionnelle qui les accompagne, s'exprimant depuis des mois par des saccages de bâtiments publics, des incendies et des pillages. L'on s'aperçoit alors que la crise n'est pas seulement économique ni même sociale (Hamidou 1996). C'est aussi une crise des fonctions étatiques: «une crise de régime qui attaque les fondements mêmes de la République et de la démocratie», dira le président Konaré (cité in CERDES *et al.* 1997:163).

Quatre mois après la chute du gouvernement malien, se tient au Togo une élection présidentielle qualifiée, à juste titre, de «pagaille» (Von Trotha 1993). Le général Eyadema y parachève sa restauration autoritaire en triomphant de deux challengers relativement inconnus[31] avec le score «ancienne manière» de 96,4%... et 63,84% d'abstention officielle.

Il s'agira désormais d'offrir une «vue sur la démocratisation à marée basse».[32] À partir de 1993, on trouve difficilement dans la littérature des prévisions optimistes sur de nouvelles avancées démocratiques. Le virage est sensible (Buijtenhuijs et Thiriot 1995). Le lâchage du Togo par la France suscite un bref intérêt pour le soutien, alors quasi automatique mais éphémère, des États-Unis aux opposants africains les plus remontés contre la France (Smith 1997). Mais l'africanisme américain marque lui aussi le pas. La revue *Africa Demos* se concentre un temps sur la «consolidation» de la démocratie, puis reconnaît en 1995 que les «transitions démocratiques» annoncées en fanfare étaient plus cosmétiques que réelles, et cesse de paraître (Joseph 1996).

Il y avait bien eu des sceptiques mais ils n'avaient pas encore entamé la croyance en une transition générale vers la démocratie (Lemarchand 1992a, Mbembe 1993). De plus, beaucoup de textes parmi les plus réservés auront été publiés localement, avec ce que cela implique en termes de délais d'édition (Akindès 1996). S'agit-il aussi de délais de diffusion, ou encore d'air du temps? En Afrique «francophone», on redécouvre Axelle Kabou, Daniel Etounga Manguelle et le pasteur Kä Mana, tous trois publiés en 1991, mais qui n'ont jamais été autant cités qu'entre 1993 et 1996. Leurs ouvrages n'abordent pas directement la question de la démocratie, mais exercent une influence considérable sur ceux qui en traitent.

De même, un livre plus ancien encore de Bayart (1989) est cette fois réduit à son sous-titre, «La politique du ventre», qui fait florès et tient lieu d'argument pour disqualifier d'autorité toute faisabilité de la démocratie en Afrique. Après trois décennies de prédominance des facteurs externes (esclavage, colonisation, détérioration des termes de l'échange) dans l'explication des maux de l'Afrique, ces auteurs opèrent en commun un retour de balancier, se focalisant sur les marges autochtones d'autonomie, variablement politiques ou culturelles. Leur popularité au milieu des années 1990 alimente ainsi, parfois à leur corps défendant, un discrédit d'ensemble de la classe politique, dictateurs et démocrates confondus. Elle contribue à précipiter le retour de l'africanisme, après son intermède des «transitions démocratiques», au terrain connu de l'exotisme (Toulabor 1997a).

L'expertise est sauve, son blason redoré. La nouvelle démarche en vogue, grossièrement exposée, consiste à:

> décréter que l'Afrique est vraiment un continent à part, le seul où la démocratie refuse bêtement de s'acclimater, le seul où sa marche heurtée, comme partout ailleurs, passe pour un échec radical (Konté 1997:14).

Quelques «fins nigérologues» français[33] se chargeront d'expliquer que le putsch du colonel Baré était ce qui pouvait arriver de mieux au Niger. La notion de transitions démocratiques, naguère si présente, s'efface de la littérature spécialisée. On la remplace désormais par «libéralisations politiques», «réformes» ou «décompressions» (Widner 1994a, Diouf 1998). Simultanément, l'africanisme se redéploie en masse sur d'autres thématiques majeures — «bonne gouvernance», prévention des conflits, lutte contre la pauvreté... Autant d'urgences, en effet, mais qui laissent à l'intelligence du moment démocratique un fort goût d'inachevé (Adesina 1993, Moore 1996).

Un tel virage accentue néanmoins les différences locales. Celles-ci peuvent s'entendre de deux manières: d'une part, comme la singularité croissante des situations nationales — qui pourraient requérir autant d'entrées à part dans des «typologies de transitions» de plus en plus aléatoires; d'autre part, comme le maintien relatif de l'idéal démocratique sur quelques agendas intellectuels africains, quand l'africanisme passe à autre chose. Car il y a désormais des libertés, même incomplètes, à défendre et à étendre. La première de toutes, la plus palpable dans la sous-région, celle dont on dispose avec le plus d'évidence et qu'on mentionne souvent comme le bien le plus précieux, des états-majors politiques aux organisations paysannes en passant par les salles de rédaction, est la liberté de parole. D'autres libertés, syndicale, religieuse, d'association, autrefois bafouées, ont partout été prises (Nwokedi 1995, Goudjo 1997).

Et même si les autoproclamations démocratiques, les conversions verbales et les apparences formelles de la démocratie peuvent irriter — «voyez nos institutions, nous sommes en démocratie» — sans doute valent-elles mieux que l'apologie explicite de l'arbitraire et du pouvoir absolu. Mieux vaut, à tout prendre, avoir l'apparence d'un État de droit et des dispositions constitutionnelles favorables aux droits de l'Homme, que de ne pas avoir de constitution du tout ou des règles iniques. Au moins les jeux d'apparence contraignent-ils les gouvernants à gouverner en y mettant des formes, et ouvrent-ils un espace aux gouvernés pour attaquer les décisions contestables (Ghai 1991, Mindaoudou 1995).

«Élargir l'espace démocratique»: Ibrahim (1997) développe cette métaphore spatiale pour le Nigeria mais sa réflexion n'est pas moins féconde en Afrique de l'Ouest «francophone». Elle permet de comprendre les lendemains du moment démocratique, non plus comme l'impasse de transitions linéaires, mais bien comme les simples aboutissements provisoires d'une affaire expérimentale, ouverte à de nouvelles avancées comme à d'autres déconvenues (car tout espace peut se contracter), instables dans un monde qui bouge, à reprendre et à continuer sans cesse.

Un rapide retour sur la littérature et ses débats fondamentaux permettra cependant de comprendre que l'expérience acquise dans la formation des «espaces démocratiques» contemporains, nécessaire à tout projet d'«élargissement», reste encore, dans une large mesure, à préciser et discuter.

Le paysage thématique

Dans la littérature des années 1990, on peut distinguer trois grandes approches de l'Afrique politique. La plus fréquente est l'approche institutionnelle. Elle se concentre, comme son nom l'indique, sur les institutions de l'État, sa configuration formelle, ses lois et son organisation, et domine aussi, dans une acception plus large, l'analyse de la compétition, principalement électorale, pour l'accès à ses étages supérieurs. Mais elle n'éclaire ni les dynamiques sociales, ni le contexte, ni la portée de la revendication démocratique.

Les insuffisances de cette première approche sont relevées par les deux autres. La plus radicale s'exprime en termes d'économie politique. Elle insiste conjointement sur les relations de dépendance extérieure et sur les mouvements sociaux internes. L'autre s'exerce au nom du «politique par le bas», dont nous avons déjà signalé les ambitions programmatiques et la difficulté à se traduire en études de terrain conséquentes.

Les trois approches sont rarement perçues comme potentiellement complémentaires. L'approche institutionnelle est pourtant incontournable, ne serait-ce que parce que les règles du jeu politique formel, ses dispositions et les libertés qu'on prend avec elles, déterminent fortement la sélection des gouvernants et les possibilités de les contester. Quant aux deux autres, la question la plus épineuse est en fait celle du degré d'organisation nécessaire à peser sur la politique «par le haut»: comment réconcilier l'analyse des mouvements sociaux, dépositaires d'enjeux relativement articulés, et celle du «bas», relativement plus diffus?

À défaut de démarcation nette et absolue entre leurs objets d'étude, les tenants de ces deux dernières approches se sont plutôt observés en chiens de faïence. Entre l'approche par les mouvements sociaux, *grosso modo* redevable à Marx (par Gramsci ou Samir Amin interposés) et l'approche par le bas, principalement influencée par Michel Foucault (peu en odeur de sainteté chez les marxistes), les divergences n'étaient pas négligeables.

Mais surtout, il ne pouvait y avoir de synthèse, ni même de dialogue critique, sans une offensive théorique interdisciplinaire.[34] Et sur ce point, la sous-région payait des «spécialisations» héritées des partis-États. Les départements de sociologie et de psychologie des universités francophones, massivement supprimés après Mai 1968 (Ki-Zerbo 1994:31) n'ont en effet commencé à rouvrir, et encore pas tous, qu'une vingtaine d'années plus tar Au Niger, Seyni Kountché avait en outre interdit l'enseignement des scien politiques: fin 1998 encore, il n'y avait qu'un unique politologue à l'université de Niamey, Abdoulaye Niandou Souley — et il se désolait d'ailleurs ？ devoir laisser ses meilleurs étudiants s'orienter sur des doctorats en droit. O comprend alors que les sciences juridiques, relativement moins mal tolérées dans la sous-région depuis les indépendances, aient fourni le plus grand nombre de travaux universitaires sur les « transitions démocratiques».

De toute façon, par le haut, le bas ou l'extérieur, les premières occasions de croiser différents points de vue ont vite été biaisées par des positions de principe sur les «causes» des «transitions». Les mouvements sociaux ouest-africains n'avaient pas attendu le Discours de La Baule pour se mobiliser. Mais de nombreux auteurs, si. Ce discours fit émerger une vague d'exégètes, jusque-là fort peu soucieux de démocratie, s'y «spécialisant» désormais. Ils furent les plus nombreux à lier l'origine des «transitions démocratiques» au Discours de La Baule, au Vent d'Est aussi, et suffisamment véhéments pour donner crédit à cette idée fausse. D'autres s'employèrent correctement à recentrer l'analyse sur les facteurs internes mais, réagissant à la survalorisation des facteurs externes, ils minimisèrent parfois leurs effets d'entraînement.

Les interprétations divergentes de la portée politique des PAS illustrent bien le dialogue de sourds initial. Par l'extérieur et par le haut, un fort courant néo-libéral liait mécaniquement l'ajustement et la démocratisation, considérant que le premier avait au moins partiellement réussi et qu'une plus grande «rationalité» économique se répercutait sur la «mise en place de structures politiques plus efficientes» (Hugon 1993:98-99). L'approche par les mouvements sociaux insistait au contraire sur la très forte impopularité des PAS:

> La démocratisation est vue par la majorité des groupes protestataires comme un outil pour entraver l'ajustement structurel et protéger quelques acquis sociaux et les niveaux de vie menacés par les réformes (Bangura 1992:95).

Par le bas, on relevait aussi l'ouverture de nouvelles possibilités d'accumulation, hors du «chevauchement» ancien des positions politiques et économiques[35], pour «les groupes sociaux les plus à l'écart des réseaux de distribution clientélistes» (Bigo 1993:159). Les pressions, principalement extérieures, en faveur de l'ajustement structurel et la dynamique des réactions internes à ces pressions ont fait l'objet de nombreuses études. Mais le discours, la pratique et la logique des institutions financières internationales ont rarement été appréhendés pour leur impact sur les conceptualisations mêmes de la démocratie (Ould Mey 1994, Abrahamsen 2000). Une conception superficielle, seule avalisée par les institutions de Bretton Woods, se mettait pourtant en place. Une série de constats allait bientôt témoigner de son hégémonie croissante.

Primo, le discrédit frappant les régimes autoritaires n'a pas fondamentalement affecté la structure des flux financiers au cours du moment démocratique. Une ouverture politique minimale a suffi aux régimes ivoirien et burkinabé pour continuer à capter l'essentiel des flux d'assistance financière exceptionnelle – censée représenter le véritable «rating démocratique» de chaque pays – tandis que des pays engagés dans des réformes politiques plus profondes, comme le Niger, le Mali et le Bénin, restaient «les moins pris au sérieux par les bailleurs de fonds» (Monga 1995:44)[36].

Secundo, la marge de manœuvre des nouveaux dirigeants occasionnels (avec une vague de Premiers ministres profilés Banque mondiale) ne s'est pas avérée plus grande, dans la conduite des affaires publiques, que celle des ex-partis uniques. L'orthodoxie libérale est restée le seul horizon gouvernemental autorisé.

Tertio, ni les mouvements sociaux ni «le bas» ne sont parvenus à infléchir radicalement les orientations économiques de l'État.[37] Ce dernier constat a été étendu aux partis politiques, dont la littérature souligne volontiers, parfois péremptoirement, l'indigence programmatique (Fondation Friedrich Ebert 1994). Il aurait alors fallu se demander si une condition de la démocratie ne devait justement pas être la possibilité, pour ceux qui aspirent au pouvoir, de proposer et défendre des programmes économiques un tant soit peu différenciés. L'époque ne s'y prêtait pas — et ne s'y prête toujours guère. La persistance de l'austérité a au contraire contribué à tempérer la vigueur initiale du débat, pourtant fondamental et non soldé, sur la ou les définitions de la démocratie.

Les définitions déterminent l'appréciation qu'on porte sur les systèmes politiques et sur leur transformation. Si l'on accepte de reconnaître un régime démocratique à l'existence d'une presse privée, du multipartisme et d'un calendrier électoral, on doit aujourd'hui concéder que la démocratie est devenue générale. Mais la liste des démocraties sera fortement raccourcie si l'on insiste plutôt, avec les protestataires ouest-africains, sur la réalisation d'une alternance électorale au sommet de l'État. Et l'on dira qu'il n'y a de démocratie nulle part si, par régime démocratique, on veut entendre avec Mbembe (1996:45) :

> un régime de liberté dont la pierre angulaire est le respect de la vie, la volonté de protéger la vie, le souci de durabilité de la vie, de toute vie, ainsi que la traduction de ce respect et de cette durabilité dans des institutions et dans une culture.

Chacun a, à un moment donné, avancé ses normes. Mais la possibilité pour les gouvernés de choisir leurs gouvernants et de leur demander des comptes s'est plus ou moins implicitement imposée comme l'acception dominante, au détriment des définitions plus larges du début, qui envisageaient aussi la réalisation concertée d'une émancipation économique et sociale significative. Le classique pouvoir au peuple, par le peuple et surtout pour le peuple s'est effacé pour laisser la place à un soubassement normatif des plus réduits. Sur ce soubassement s'est imposé un petit nombre de descripteurs, censés rendre compte des «transitions démocratiques», mais qui à leur tour posaient au moins deux problèmes.

D'une part, les rapports pouvoir/opposition, les élections et les réformes institutionnelles, principaux descripteurs adoptés, sont devenus des enjeux publicitaires pour des dirigeants malmenés, en quête de label démocratique, ainsi que pour des partis (ou chefs de partis) soucieux de poser en recours. Dès lors que les acteurs politiques au sommet et une majorité d'auteurs s'entendaient sur un tel jeu de descripteurs, ceux-ci n'ont plus seulement été sélectifs ni normatifs, mais également prescriptifs. Ils ont indiqué une marche à suivre et orienté, d'une certaine façon, le cours des événements.

L'extrême attention portée par la littérature aux élections en fournit un bon exemple. Cette attention s'est principalement focalisée sur la surveillance ou le monitoring, la question commune aux observateurs présents sur place et à maints littérateurs plus lointains devenant de savoir si telle ou telle élection pouvait être tenue pour «globalement libre et honnête»[38]. Les techniques de fraude en ont été affectées, mais pas tout à fait comme on l'espérait. La tendance générale des années 1990 aura été au perfectionnement croissant de ces techniques ainsi qu'à leur déplacement, depuis l'amont des scrutins – manipulations des fichiers électoraux, rétention sélective des cartes d'électeurs, etc. – vers leur aval – au niveau de la proclamation des résultats, à l'instar du Niger et du Togo (Kpatindé 1988, MBDHP et Fondation Friedrich Ebert 1995, GERDDES-Afrique-CIRD 1996).

D'autre part, et contrairement aux ambitions affichées, les descripteurs retenus n'ont guère permis de décrire des processus mais, au mieux, de mesurer des écarts par rapport aux formes d'un état final préétabli, auquel devaient aboutir les «transitions démocratiques» (ALF 1993, CMA 1993). La multiplication des variables et la sophistication croissante des mesures ont peut-être contribué à ouvrir le ghetto des études africanistes, autrement dit à rendre l'analyse du politique en Afrique comparable à d'autres régions du monde, mais sans remettre en cause la prééminence des attentes formelles (Diamond et al. 1988, Beetham 1994, Bratton et Van de Walle 1997).

Ce n'était pourtant pas rendre un bon service aux démocraties à venir, annoncées mais incertaines, que de leur assigner des formes fixes et surtout fixées d'avance. Ce n'était pas non plus rendre à l'intelligence des dynamiques en cours le meilleur service qui soit. Si l'universalité du principe démocratique ne souffre guère de doute[39], les formes que revêt sa réalisation ne peuvent se dessiner ni s'apprécier en référence à un aboutissement préconçu mais, bien plutôt, par rapport à des configurations politiques antérieures dont elles s'éloignent et se distinguent (Santiso 1997).

Il est à ce propos remarquable qu'un auteur comme Richard Dahl, très présent dans les travaux théoriques sur la démocratie, n'ait pas été mieux convoqué pour éclairer notre moment démocratique. Son «principe polyarchique» rendait pourtant bien compte de ce qui changeait le plus fondamentalement: le frémissement d'un système dans lequel les pressions exercées par des forces sociales antagonistes contraindraient les forces politiques à des marchandages et à des compromis soumis à la validation du plus grand nombre (Dahl 1971).

Théoriquement, dans un tel système, les forces politiques ne sont pas seulement comptables devant la partie électrice de la société, celle-ci n'étant jamais qu'un reflet imparfait de celle-là. Elles sont comptables devant la société tout entière, à partir du moment où les forces sociales, s'accordant à faire prédominer la médiation politique sur l'éclatement violent des contradictions, consentent en fait à pouvoir se diviser sur tout sauf sur l'idéal, au moins implicite, d'une unification croissante (Lévy 1994). L'affrontement des forces politiques porte ainsi, en partie, sur les *moyens* de réaliser l'unification croissante de la société, et c'est de cette partie de leur affrontement qu'elles tirent leur légitimité. En pratique, l'horizon partagé de l'unité ne peut jamais être pleinement atteint, mais cela ne fait que confirmer, une fois encore, la nature expérimentale des systèmes politiques (Osaghae 1995a).

Après l'apologie du pouvoir absolu, et de son corollaire qu'on pourrait nommer l'«Illumination» absolue, quand seuls le Parti ou les Leaders éclairés étaient censés savoir et décider de ce qui était ou serait bon pour les Masses obscures, le consentement à la diversité du social et à ses contradictions a bien été la dynamique motrice du moment démocratique sous-régional. Là était du reste, très certainement, la principale base de comparaison possible avec l'Amérique latine et l'Europe méditerranéenne ou de l'Est.

Dans l'organisation thématique des savoirs, les héritages historiques sont toutefois restés à l'arrière-plan. Les travaux d'historiens n'ont guère été lus. À cela, une raison bien simple: ils ne pouvaient répondre à la question qui était alors dans l'air du temps. Cette question était de savoir si l'Afrique précoloniale avait été démocratique ou pas. Il s'agissait d'une question absurde. Une masse critique de monographies montrait en effet qu'il ne pouvait y avoir de réponse univoque, ni pour un ensemble continental aussi vaste, ni pour une époque précoloniale fourre-tout. Les historiens se donnaient des périodisations plus fines, de manière, justement, à faire ressortir des processus complexes (Kaba 1986, Bathily 1994). La généralisation la plus prudente aurait été de dire qu'il existait une grande variété de traditions politiques africaines, que ces traditions combinaient souvent des valeurs et des pratiques contradictoires – communautarisme et système de castes, égalitarisme et gérontocratie... – et qu'elles étaient sujettes à des reconfigurations périodiques (Zeleza 1994).

Mais les historiens, africains en particulier, ne contrôlaient ni les agendas de la recherche africaniste ni la circulation internationale des savoirs (Hountondji 1990, Zeleza 1997). C'est donc sans eux, le plus souvent, que s'affrontèrent des positions de principe opposées, l'une voulant voir dans la démocratie une tradition ancienne – avec laquelle il s'agirait de renouer – l'autre voulant en faire une pratique étrangère à l'Afrique – qu'il s'agirait dès lors, soit de refuser soit d'imposer en force. On puisa parfois dans les travaux d'historiens, mais comme on le ferait dans un album de photographies, pour illustrer sélectivement des convictions préétablies.

Là encore, il s'est en fait agi de mesurer des écarts formels entre des situations historiques données et des attentes contemporaines. Il y avait de surcroît quelque abus à prétendre qualifier de démocraties ou de dictatures des formations politiques anciennes, avec ou sans État, en recourant à des conceptions actuelles de la démocratie, élaborées dans un monde d'États-nations qui n'était pas le leur – et dont on réalisait d'ailleurs que l'universalité, historiquement construite, était historiquement réversible (Bobbio 1998, Habermas 1996).

L'idéalisation des régimes précoloniaux et leur condamnation sans appel, visant à les qualifier de franchement démocratiques ou de franchement dictatoriaux, conduisent à des contresens symétriques. On peut cependant relever que des conseillers pouvaient amener de manière constitutionnelle les dirigeants à abdiquer, et qu'une certaine déconcentration des pouvoirs prévalait (Hofmeister et Scholz 1997). À cet égard, les dictatures postcoloniales empruntent plus au centralisme, au paternalisme et à la brutalité du régime colonial qu'à l'autorité, somme toute limitée et modératrice, des chefs précoloniaux (Kadja Mianno 1985, Ayittey 1990, Kaba 1995).

Quant à comparer le multipartisme colonial à la soi-disant démocratie athénienne, comme s'y emploient en Occident quelques chapelles néo-impérialistes,[40] l'unique rapprochement raisonnable serait de comparer des idéologies et des pratiques d'exclusion, à Athènes des esclaves et résidents barbares, en AOF des indigènes colonisés (Zeleza 1994:227). À l'exception des Quatre Communes du Sénégal, le multipartisme colonial fut postérieur à la Seconde Guerre mondiale (de Benoist 1992). Le constat le plus largement partagé dans le monde colonisé, en ce temps-là, était qu'aucune puissance coloniale ne pouvait plus prétendre à l'invulnérabilité – ce dont la France s'inquiéta suffisamment pour tenter une prudente ouverture. Son autorisation des activités politiques participa d'un réaménagement forcé de la pratique coloniale, en compagnie de quelques «programmes sociaux» inédits, principalement de lutte contre les grandes endémies (qui décimaient la main-d'œuvre agricole puis industrielle) et de formation d'auxiliaires administratifs (la sous-région n'étant pas réservée à une implantation coloniale résidente aussi massive qu'en Afrique du Nord ou australe). Mais le multipartisme colonial n'empêcha pas que les nationalistes les plus radicaux soient partout harcelés et pourchassés (Morgenthau 1964).

Le grand absent de cet arrière-plan historique est resté le moment anticolonial. Sa relecture aurait pourtant éclairé quelques définitions moins savantes de la démocratie, à l'instar du rageur «démocratie = décolonisation» relevé par Toulabor (1996:65) sur les murs de Bè, quartier populaire de Lomé. Une comparaison plus soutenue aurait également attiré l'attention sur les limites des coalitions des années 1950, qui ne parvinrent pas à résoudre leurs propres contradictions internes, notamment celles relatives à l'ethnicité, à l'exclusion de personnes appartenant à certaines castes et des descendants d'esclaves, à la chefferie et à la position sociale des femmes (Memel-Fotê 1992). La dispersion des coalitions anticoloniales avait alors précipité la confiscation des processus démocratiques, bien vite marquée par l'émergence de Pères de la Nation, providentiels et autoritaires, et par la brutale départicipation du plus grand nombre (Memel-Fotê 1991).

Un retour sur le moment anticolonial aurait aussi aidé à relever les deux principaux quiproquos les plus empoisonnants, du moment démocratique. Primo, la relégation de la démocratie à un champ d'expertise technique, un engineering au sommet, quand l'important résidait au contraire dans le décloisonnement du champ politique, de la parole et des luttes politiques, et dans leur réinvestissement massif par des acteurs non professionnels. Secundo, l'inflation d'expectatives et de missions à hauts risques, n'ayant d'autre rapport avec la démocratie que l'incapacité éprouvée des dictatures à les réaliser, à commencer par le développement économique (dont se passait hier fort bien le moment anticolonial), et qui, dans les années 1990, balisèrent largement la voie des déceptions.

Lieux de parole et circuits de diffusion

L'extrême richesse et l'extrême diversité des témoignages peu diffusés montrent que si beaucoup a été dit, tout n'a pas été entendu de la même manière. Les différents lieux de parole se sont inscrits dans des circuits de diffusion inégaux. Il y a eu la presse locale, très suivie dans les villes, et à laquelle quelques exilés et africanistes consciencieux se reportèrent parfois démesurément.[41]

Il y eut aussi les Églises, dont les écrits pro-démocratiques furent étonnamment cités et relayés dans la littérature internationale, et souvent surinterprétés. L'avènement de prélats catholiques à la tête de plusieurs Conférences nationales (Bénin et Togo dans la sous-région, Gabon, Congo et Zaïre en Afrique centrale), au cours desquelles on pria d'ailleurs beaucoup, contribua à asseoir la thèse d'un rôle moteur des Églises chrétiennes en général, du clergé catholique en particulier (Metena M'nteba 1993). Mais le propre message des Églises à ces Conférences nationales, leurs lettres pastorales et autres déclarations furent dans l'ensemble très allusives et d'une extrême prudence.

S'il est vrai qu'après des années d'accommodement ou de soutien à des régimes oppressifs les Églises se sont plutôt ralliées au principe d'une ouverture politique, encore convient-il de ne pas se méprendre sur le sens de leur intervention: réconcilier la société avec elle-même – ce qui était bien l'un des projets majeurs du moment démocratique – mais sans réclamer pour autant le multipartisme ni le départ des dirigeants en place – à la différence de bien d'autres secteurs revendicatifs (Évêques du Bénin 1989, Évêques du Mali 1991, Commission centrale des chrétiens catholiques du Niger 1991).

À l'inverse, il y eut en première ligne les syndicats et les jeunes, scolarisés ou marginalisés (deux situations qui ne s'excluent pas), dont les textes furent moins largement diffusés, même au pays, alors qu'ils aideraient justement à relativiser ce qu'il est devenu de coutume d'appeler leurs revendications alimentaires.

Leurs écrits révèlent plutôt une stratégie étapiste, déjà signalée en introduction, mais sur laquelle il convient d'insister. La démocratie y est explicitement tenue pour un objectif prioritaire, censé permettre, dans un deuxième temps, la défense d'intérêts sectoriels. Les alliances politiques entre partenaires, par exemple entre syndicats et patronat privé, témoignent de la prééminence de l'objectif démocratique. Elles participent de la montée en puissance des mobilisations collectives (Banégas 1993, Diawara 1996).

Il y eut également beaucoup de publications à compte d'auteur et au tirage confidentiel, non seulement par des protagonistes de la scène politique, mais aussi par des témoins sans qualification particulière, qu'il serait mal venu de négliger. Cette littérature peu diffusée est d'une grande richesse. Elle délivre quantité de fragments d'histoire à chaud qui, bout à bout, forment une chronique au quotidien, parfois sous forme romanesque (Ly 1994, Traoré 1994), des luttes, des joies et des peines de ces années-là.

La chronique du moment démocratique s'est aussi écrite sous forme de samizdats et de tracts, parfois intégrés dans des séries distribuées ou placardées à intervalles réguliers (Diop 1991, Niandou Souley 1991, états généraux pour le changement démocratique 1991). L'importance d'une telle littérature grise parut souvent suffisante aux auteurs locaux pour qu'ils s'attachent, à la différence de leurs observateurs africanistes, à en reproduire des extraits dans leurs propres témoignages (Bari 1994, Lalinon Gbado 1991 et 1998).

Les blagues, les rumeurs et au fond tout ce que les gens ordinaires disent, entendent et répercutent de leur histoire en train de se faire constituent des matériaux souvent rapportés et/ou étudiés par les auteurs locaux, mais indûment négligés par la littérature dominante (Toulabor 1981, Traber 1988, Tognimassou 1992, Ellis 1993). Il en va de même des expressions artistiques, littéraires, musicales voire vestimentaires qui accompagnent le moment démocratique et l'inscrivent dans un contexte culturel et social spécifique (Midiohouan et Amourou 1991, Bickford 1994, Coronel et Coronel 1994, Ahonto 1998).

Les universitaires n'ont donc pas été seuls à prendre la parole, loin s'en faut. Tous ne la prirent d'ailleurs pas dans les circuits de relativement grande diffusion (aux éditions Karthala ou L'Harmattan, dans les publications du CEAN ou la prestigieuse *Revue juridique et politique, indépendance et coopération*), mais plutôt dans des séminaires, ateliers et autres journées d'étude dont les travaux n'ont toujours pas été publiés[42]. Ils prirent d'ailleurs moins la parole en tant qu'universitaires ou lettrés, qu'en tant que femmes et hommes politiques engagés d'abord et avant tout dans le tourbillon de l'action.

Les écrits qu'on leur doit ne peuvent pleinement s'apprécier qu'au regard de leurs positions, dispositions et engagements politiques sur leurs scènes nationales respectives. Toute velléité de distinguer entre les deux casquettes, intellectuelle et partisane, mène au contresens. On confine encore plus à l'absurde quand on entend tracer une frontière, voulue nette et dure, entre une société civile gentiment ou exotiquement désorganisée, angélisée pour sa théorique pureté de toute scorie partisane, et une classe politique globalement réputée machiavélique, récupératrice et décevante (Lemarchand 1992b). Un simple retour aux textes suffit à vérifier qu'il n'y a pas ici de séparation, étanche et indépassable, mais bien plutôt des vases communicants.

Il n'y a d'ailleurs pas lieu de s'en étonner, pourvu seulement qu'on considère l'histoire sous-régionale du mouvement associatif. Bien des pans de cette histoire restent à écrire, mais on peut en repérer deux ou trois grandes séquences (Sarr 1999). Initialement relais de l'État, puis suppléant de ses carences dans les années 1960 et 1970, le mouvement associatif a été de plus en plus nettement investi, au cours du boom des ONG dans les années 1980, par une opposition politique qui n'avait en fait pas beaucoup d'autres moyens à sa disposition pour s'implanter localement.

Les partis politiques étant interdits[43], les associations, variablement déclarées ou semi-clandestines, et surtout les ONG ont été la forme d'organisation la plus praticable. Ayant ouvert une trouée dans le monopole des partis uniques sur l'«encadrement» et la «direction» de la société, il n'y a rien d'anormal à ce qu'elles s'y soient engouffrées pour se déverser aussi, depuis la fin des années 1980, dans la «haute politique». L'exemple type est celui de l'Alliance pour la démocratie au Mali, ADEMA, créée comme association en octobre 1990 puis transformée en parti politique en mai 1991, remportant l'année suivante les élections et donnant au pays de nouveaux dirigeants qui, pour une bonne part, sont issus du milieu des ONG (Diarrah 1996).

Le déplacement peut aussi s'opérer en sens inverse. On compte dans la sous-région de nombreuses ONG (notamment vouées à la promotion de la démocratie) mises sur pied par d'anciens cadres politiques. Ces derniers sont souvent:

> soit des politiciens faillis, d'autant plus hargneux contre les partis politiques qu'ils n'ont pas réussi à faire passer par eux la réalisation de leurs propres ambitions, soit des «taupes» en service commandé, crédités par leurs partis d'une parcelle d'autorité qu'ils croient pouvoir mieux valoriser en avançant masqués (Guèye 1995:11).

Un autre cas de figure est celui d'activistes qui, sans avoir été directement associés à la gestion du pouvoir, ont contracté suffisamment de dettes auprès de l'ancien secteur bancaire d'État, généralement liquidé après faillite, pour devoir moduler leurs propos. Certaines grandes figures du milieu associatif, ainsi tenues par l'argent, savent adresser de vertes critiques publiques aux gouvernants entre deux élections mais savent aussi, quand vient le temps des urnes, se faire plus discrètes ou appeler à la reconduction des mêmes gouvernants.

L'intimité des liens entre intellectuels, partis politiques et milieu associatif, pourra faire regretter que les porte-parole de la revendication démocratique «se (soient) tous lancés dans la politique, avec pour conséquence immédiate de priver l'intelligentsia africaine de son potentiel critique déjà fort réduit» (Topanou 1994:55). Il y a tout lieu de concéder que «l'entreprise démocratique en Afrique souffre (…) d'un double déficit: un déficit intellectuel et un déficit d'acteurs sociaux autonomes» (Bakary 1992:31). Mais il faut bien voir qu'il pouvait difficilement en être autrement, dans l'urgence du moment démocratique. Du reste, l'engagement direct dans la compétition politique ne constitue pas, en soi, un obstacle à l'intelligence de la démocratie ou de la démocratisation. Il ne contrarie en fait que l'abstraction, la prise de recul sur l'expérience concrète, la théorisation.

Reprocher aux textes locaux, rédigés dans le feu de l'action, de n'avoir pas réalisé de percées théoriques majeures, serait leur intenter un bien mauvais procès. Car ils consignent justement la mise à l'épreuve des théories, leur mise en pratique, et en signalent les limites.

Dans notre nouveau temps présent, aux lendemains du moment démocratique, cette mise à l'épreuve reste l'une des toutes premières conditions de possibilité d'une perspective africaine sur la démocratie. Elle invite à rouvrir l'angle de vue de manière à prendre en compte l'ensemble d'une dynamique de «repolitisation» de la sous-région, qui s'est fortement répercutée, même si ce n'est pas toujours dans le sens de la démocratie, sur les rapports à l'État de nombreux acteurs sociaux, sur leurs stratégies et sur leurs rapports internes ou mutuels de pouvoir.

4

Le moment démocratique sous-régional

> Contre l'alliance des dictatures, l'unité d'action des démocrates. (...) Il faut comprendre qu'il n'y aura pas de Guinée libre, de Burkina libre ou de Nigeria libre sans les encercler par des voisins démocratiques. C'est cela, le panafricanisme d'aujourd'hui.
>
> Tract des Jeunesses guinéennes panafricaines,
> Conakry, mars 1994

Naissance du moment démocratique

Quelles forces sociales ont donné au moment démocratique sa vigueur? Une énumération des acteurs est toujours possible: habituellement la jeunesse (artisans, chômeurs, élèves, étudiants), les syndicats (autonomes ou se désaffiliant des partis uniques), les partis politiques d'opposition (recrutant éventuellement sur des bases régionales ou ethniques), les associations de défense des droits de l'Homme, les femmes (le plus souvent comme militantes de l'opposition, également comme mères au Mali ou veuves en Mauritanie après des épisodes répressifs), la diaspora (guinéenne, béninoise, togolaise surtout), les déflatés de la fonction publique, un patronat privé embryonnaire, des journalistes, des avocats, une partie des Églises, quelques marabouts parfois, quelques chefs traditionnels, des ONG urbaines ou rurales, des segments des classes politiques précédemment évincées par voie de coup d'État, des portions plus ou moins conséquentes de l'armée, quelques courants de «rénovation» des partis uniques...

La liste des acteurs ne renseigne toutefois pas sur la combinaison de leurs forces. Celle-ci a connu d'importantes variations dans l'espace et dans le temps du moment démocratique. Préciser la composition du mouvement démocratique à tel ou tel instant dans tel ou tel pays serait aujourd'hui un passionnant exercice de micro-histoire. Il y faudrait cependant une extrême minutie, qui dépasse de loin le cadre du présent essai. On se limitera ici à considérer un principe majeur. Ce principe, qu'on retrouvait déjà dans le moment anticolonial, est celui d'une coalition: les composantes du mouvement démocratique se sont librement fédérées, ont noué des alliances, même tacites, les ont occasionnellement rompues, mais sont restées reconnaissables dans leur diversité.

Le contraste est saisissant avec l'autre grand principe de « gestion » de la diversité sociale: la négation pure et simple, la volonté d'écrasement, de réduction à une totalité une et indivisible. Ce principe-là, dérivé dans la sous-région du modèle jacobin de l'ex-colonisateur, était dans toute l'Afrique celui des dictatures postcoloniales. La négation de toute identité intermédiaire entre l'individu et la nation ou la nouvelle société à construire, l'élimination ou l'absorption sélective des instances de pouvoir inférieures à l'État, bref, les projets de totalisation de la société, étaient le lot commun des premières décennies d'indépendance.

C'est la conduite autoritaire de ces projets communs de totalisation qui permet de comparer des régimes civils ou militaires, des régimes à parti unique ou à parti hégémonique, et de les tenir globalement pour des dictatures. Il s'est, dans tous les cas, agi de partis-États, plus ou moins personnalisés mais reposant toujours sur des appareils répressifs et bureaucratiques dédiés aux projets de totalisation.

«Nous ou le chaos»: leur argument ultime, lui aussi d'extraction coloniale, dans sa «mission pacificatrice», a reçu le démenti le plus cinglant. C'est dans la coalition, dans la fédération de forces et d'intérêts de nature différente, dans leur rassemblement autour de la chute des dictatures, et dans la péremption des projets totalitaires, qu'ont été trouvés ou cherchés des éléments de réponse au dit chaos, tantôt présent, tantôt en germe, mais précisément imputable à ces mêmes dictatures.

Le moment démocratique est né d'une initiative des sociétés ouest-africaines — leur recours au principe de coalition — en réponse à un contexte — l'essoufflement des partis-États. Les deux grandes dimensions de cet essoufflement, économique et politique, se sont combinées dans des proportions différentes selon les pays. Tous les partis-États de la sous-région étaient en «crise» à la fin des années 1980, mais leurs «crises» respectives ne se présentaient pas sous les mêmes traits. Sans entrer dans les détails, les situations béninoise et malienne étaient plutôt marquées par la faillite des finances publiques tandis que les situations togolaise, guinéenne et mauritanienne, par exemple, se caractérisaient par la violation systématique des droits de l'Homme (Founou-Tchuigoua 1989, Adjaho 1992, ADDVAR

1991, Bah et Diallo 1993, Fleischman 1994). L'addition ou la juxtaposition de contextes nationaux relativement différents ne suffirait donc pas à caractériser le moment démocratique sous-régional. De surcroît, les «crises» économiques et/ou politiques sont récurrentes dans la longue durée historique mais ne produisent pas automatiquement des «démocratisations». Un contexte, à lui seul, n'explique jamais rien. Le facteur déterminant a bien été l'action coalisée des forces protestataires.

La dénonciation des dictatures, que ce soit par des victimes objectives ou par des alliés compatissants, en Afrique comme ailleurs, peut être réputée constante et universelle. Mais les attaques purement intellectuelles n'ont jamais suffi à instaurer des régimes plus acceptables. Elle envoyèrent plus sûrement les fortes têtes en prison, ou à la mort.[44] La force militaire ne leur a pas toujours ajouté grand chose: les putschistes qui voulurent corriger les abus commis par leurs prédécesseurs, civils ou militaires, ou qui prétendirent s'y essayer durant les premières décennies d'indépendance, ont d'ordinaire reconduit les systèmes qu'ils dénonçaient en s'emparant du pouvoir (Niandou Souley 1992, Robinson 1992).

La récession économique, incluant l'asphyxie financière des États, n'a pas été non plus une nouveauté. En provoquant l'effondrement des réseaux commerciaux trans-sahariens, dont la plupart des États sahéliens tiraient une relative prospérité jusqu'à la fin du XVIe siècle, l'essor de la traite atlantique puis la conquête coloniale ruinèrent du même coup ces États. Mais on ne saurait dire que ceux qui s'ajustèrent, en adaptant leurs systèmes de production et d'échange à leurs nouveaux environnements internationaux, le firent nécessairement dans le sens d'une meilleure satisfaction sociale ni d'une plus grande participation politique (Bathily 1994, Cooper 2001).

L'élément le plus caractéristique du contexte des années 1980, celui dont les effets furent les plus décisifs pour la formation du moment démocratique, a été la rupture d'une relation: le lien unissant la politique à l'économie, naguère organisé par les partis-États et concourant à leur reproduction, s'est brisé en ses maillons centraux.

En ville, la petite bourgeoisie, créée quasiment *ex nihilo* aux indépendances, s'est écroulée par pans entiers. Bon gré mal gré, louant publiquement les mérites des partis-États ou se contentant d'y consentir, elle formait le nœud des principaux circuits de redistribution, depuis le pouvoir central et ses barons vers les parents villageois. La crise de l'endettement, puis le remède de cheval des PAS, variablement ajournés mais appliqués quand même, ont ramené ses enfants, hier encore promis à une belle scolarisation et à un emploi garanti dans la fonction publique, à de plus cruelles réalités (Kouassi 1992, Dieng 1995).

Dans les campagnes, les structures dites d'encadrement puis d'animation n'ont pas suffi à convaincre les paysans d'honorer leurs dettes (en semences, pesticides, loyautés partisanes et autres intrants) pour des récoltes dont le prix au producteur, en FCFA constants, ne cessait de baisser (Kassé 1991). La clientèle paysanne n'était pas uniquement celle des partis-États mais aussi celle des marabouts, en milieu musulman, et ailleurs des chefs traditionnels, qui se firent à l'occasion forts de défendre leurs ouailles contre des régimes n'ayant déjà plus grand chose à leur offrir en compensation.[45]

Au total, les partis de masse, avec sous diverses appellations leurs «ailes marchantes» (mouvements de jeunesse, centrales syndicales affiliées, organisations de femmes du parti...) sont devenus de plus en plus coûteux, de plus en plus difficiles à entretenir financièrement, et pour des bénéfices politiques de moins en moins évidents. Certains ont entrevu la nécessité de se réformer, le parti unique malien analysant ses revers dans une Charte dite d'Orientation, ou son homologue nigérien envisageant une «ouverture démocratique» sous contrôle (UDPM 1987, MNSD 1990). C'était toutefois trop peu, et déjà trop tard, pour prétendre reprendre l'initiative sur une contestation grandissante (UNTM 1990, *Lettre ouverte au président Moussa Traoré* 1990, Alfandjir 1992).

Il y eut – et il reste – d'autres facteurs structurels, durables pour quelques décennies encore. Le plus net d'entre eux est une double transition démographique: l'urbanisation rapide de la sous-région, et le rajeunissement constant de sa population.

Les villes paraissent dans l'ensemble plus frondeuses que les campagnes (Wiseman 1986, d'Almeida-Topor *et al.* 1992, Koffi 1994). Ayant été relativement plus prospères, tombant donc de plus haut, elles étaient les plus brutalement touchées par la récession économique et l'austérité croissante des années 1980. De là à les réduire à des îlots de révolte, comme on l'entend parfois, il y a un pas à ne pas franchir. Leurs protestations ont occasionnellement inspiré une «urbanisation» des mouvements sociaux ruraux, par exemple au Sénégal où le premier syndicat paysan s'est explicitement créé sur un modèle «urbain» (Lachenmann 1993, Widner 1994b, Diao 1997). Plus largement, les «exodés» ruraux installés dans les villes, peu amènes envers l'échec général du développement agricole, se sont initiés en ville à des valeurs de contestation qu'ils ont répercutées auprès des associations ou fédérations paysannes. Africaines ou européennes, les destinations urbaines d'une forte émigration internationale au départ du Sahel ont en outre

contribué à l'affirmation d'un potentiel électoral, certes peu considéré par les lois en vigueur, mais dont un émigré sénégalais à Rome souligne l'émergence:
> Nous sommes un million et demi de migrants, sur une population totale de neuf ou dix millions. Chacun de nous est en mesure d'influencer au moins deux votes, et donc d'influer toutes les élections quand le corps électoral tourne autour de ce même chiffre d'un million et demi. Nous n'en sommes plus à l'encerclement des villes par les campagnes, ni à l'inverse, mais bien à l'encerclement du pays par les migrants, par ceux qui ont été contraints de quitter leurs terres. Tout le reste est question d'organisation.[46]

Quant aux jeunes, s'ils forment une catégorie provisoire, celle-ci est d'autant plus élastique et s'accroît d'autant plus vite dans la sous-région qu'on n'en sort qu'à partir du moment où l'on parvient à se « réaliser » socialement, avec femme ou mari, logement et revenus réguliers. Autrement dit, de plus en plus tardivement et difficilement (Gérard 1997). Et si la jeunesse, scolarisée ou pas, est toujours plus impatiente que ses aînés, celle des années 1980 formait la première génération des indépendances massivement privée de telles perspectives — une «génération sacrifiée».[47] Aux quelques velléités de réforme interne des partis-États, on ne s'étonnera donc pas qu'elle ait opposé, par ses manifestations, les véritables événements fondateurs du moment démocratique. La répression de ses marches et cortèges, d'Abidjan à Bamako ou Niamey, a donné à la lutte contre les dictatures une longue liste de martyrs.

Menée principalement par l'armée, cette répression a radicalisé d'emblée les coalitions naissantes contre l'institution militaire. L'armée aussi, pourtant, traversait une crise multiforme: crise budgétaire, crise de ses missions... Elle n'était, de surcroît, jamais «antidémocratique» en bloc.

Certes, le cas malien paraît exceptionnel. Il n'est pas fréquent, en effet, qu'une partie de l'armée renverse un régime militaire puis restitue, l'année suivante, le pouvoir à des dirigeants civils régulièrement élus.[48] De fait, les auteurs du coup malien envisageaient depuis longtemps déjà de déposer Moussa Traoré. Les journées sanglantes de mars 1991 ont précipité leur intervention.[49] Mais nulle part, dans la sous-région, l'armée n'adhérait en bloc aux dictatures. C'est ce qu'expose à sa manière Amadou Toumani Touré, en affirmant qu'«il ne suffit pas de porter le treillis pour être un c...» (cité in OPAD 1996:89).

Même au Togo, où la garde présidentielle, les commandos parachutistes et la Force d'intervention rapide, en particulier, sèment la terreur, il y aura des militaires pour dénoncer la brutalité du régime. Le soldat Amédégnato, lui-même un para-commando, viendra implorer le pardon de la Conférence nationale pour avoir participé, trois mois plus tôt, aux massacres de la lagune de Bè — où les militaires tuèrent au moins une trentaine de manifestants et de simples passants:

> Vous allez nous pardonner parce que cela ne dépend pas de nous. La devise de notre métier c'est d'exécuter avant de réclamer. Presque tous nos camarades se demandent pourquoi cette situation. Nous ne nous comprenons vraiment rien parce que nous avons été formés pour protéger notre peuple et non pour tuer les citoyens (cité in CNDH *et al.* 1993:12)

La répression frappe d'ailleurs dans les rangs mêmes de l'armée. Toujours à la Conférence nationale du Togo, le soldat Eviglo, rescapé du camp de concentration d'Otadi, viendra en témoigner (CNDH *et al.* 1993:22). Les sévices les plus durs, apprendra-t-on à cette occasion, sont souvent infligés à des militaires Kabyé, l'ethnie du président, supposée lui vouer un culte sans faille (CATR 1991).

La situation paraît inverse en Mauritanie, où la torture et les exécutions extra-judiciaires frappent en priorité des officiers négro-mauritaniens (FLAM 1990, UTM 1991, Ba 1998). Mais une même logique est à l'œuvre: la composition ethnique de l'armée est vue comme un instrument de fidélité au régime. Le cas de l'armée togolaise est sans doute, au début des années 1990, le plus caricatural: 25 de ses 37 régiments sont dirigés par des Kabyé, 7 par des Français[50], et 5 seulement par des Togolais non Kabyé (Amnesty International 1993). Le «déséquilibrage ethnique» emprunte ailleurs des voies plus insidieuses mais n'est pas moins réel (Lida Kouassi 1997).

Bref, il y avait suffisamment de problèmes et de clivages au sein des armées de la sous-région pour envisager d'incorporer certains de leurs secteurs clés dans les coalitions démocratiques. Il y avait à tout le moins des secteurs potentiellement bienveillants, dont il aurait été judicieux de cultiver la neutralité. Mais en dénonçant l'armée en bloc et en multipliant contre elle les attaques verbales, les mouvements démocratiques ont en règle générale négligé de telles alliances. Il se pourrait même qu'ils aient ainsi contribué à durcir la répression, suggère Hutchful (1998). L'échec, poursuit cet auteur, pourrait s'expliquer à trois niveaux:

Le premier concerne la «privatisation virtuelle» de certaines armées, celle du Togo étant l'exemple type: plus la hiérarchie militaire s'identifie à la survie d'un régime, moins elle se soucie des intérêts de l'armée à long terme; de son avenir professionnel ou de sa continuité institutionnelle; moins on trouve, donc, d'interlocuteurs militaires susceptibles d'articuler des revendications compatibles avec un mouvement démocratique.

Le second niveau est celui des erreurs de jugement, car même au Togo, au Niger également ou en Guinée, les coups de force de l'armée expriment parfois de simples griefs matériels: des militaires qui restent six mois sans solde et manifestent ne sont pas nécessairement hostiles à la démocratie. Mais ils le deviennent d'autant plus aisément qu'on les dénonce, *a priori*, comme tels.

Enfin, le troisième niveau est l'absence de «politique pro-active» des mouvements démocratiques en direction de l'armée. Les rapprochements entre civils et militaires, spectaculaires au Mali ou plus discrets au Bénin – où les Forces armées populaires renoncent publiquement, lors de la Conférence nationale, à intervenir dans le jeu politique (FAP 1990) – sont d'autant plus rares que les civils n'en prennent guère l'initiative.[51] Ce sera là une faiblesse constante du moment démocratique.

Dans la naissance de ce moment, les facteurs externes, pour leur part, ont joué un rôle catalyseur. Ainsi, le sort de Ceausescu, référence quasi obligée des écrits locaux des premières années du moment démocratique, a indubitablement constitué un appui psychologique aux opposants et aux contestataires – l'idée étant que le contexte international devenait défavorable aux dictatures et qu'il ne saurait y avoir d'exception africaine (Djimé 1997).

Les effets d'annonce de la Banque mondiale, les injonctions du FMI et dans la sous-région le tardif Discours de La Baule ont en outre balisé, pour les dirigeants contestés, la voie d'un salut possible: réforme constitutionnelle, multipartisme, élections. Les enjeux d'un affrontement qui allait souvent prendre l'allure d'une course de vitesse se sont ainsi précisés, et quelque peu resserrés: la survie des régimes au prix de quelques concessions, ou leur renversement.

Mais au total, la naissance du moment démocratique, et son élan initial, reposaient bien sur des facteurs internes. Les exigences politiques d'ordre général (en particulier le respect des droits de l'Homme), qui n'avaient, on l'a dit, rien de neuf, ont été renforcées par le passage au politique de nombreux groupes sociaux plus ou moins organisés, dont les aspirations spécifiques étaient incommensurables (augmentation et d'abord paiement des salaires ou des bourses, promotion des terroirs, libéralisation du commerce, etc.). L'hostilité aux partis-États a fédéré ces groupes et installé entre eux un langage commun, par lequel le renversement des pouvoirs établis est devenu synonyme d'une nouvelle espérance.

Le passage au politique a souvent été un investissement stratégique, ce qui n'a d'ailleurs rien d'anormal et reste tout à fait conforme au «principe polyarchique» de la démocratie. Le grand inachèvement du moment démocratique sera la contraction d'une telle polyarchie naissante, en d'autres termes le retour plus ou moins rapide à des oligarchies plus ou moins étroites.

L'événement béninois

Y a-t-il eu un modèle béninois de démocratisation? Si oui, il aura été celui d'un enchaînement Conférence nationale — année de transition — alternance électorale. En sa faveur, plaide l'engouement fulgurant de l'Afrique «francophone» pour la première étape, la Conférence nationale, création béninoise. Les issues mitigées de ces Conférences, là où elles ont été ré-essayées constituent un argument contraire. La quête de modèles au début des années 1990 signifiait en fait la quête de modèles reproductibles, c'est-à-dire, en schématisant à peine, de recettes (Soglo 1990, Raynal 1991, Roy 1992, Hountondji 1993, Medhanie 1993, Nzouankeu 1993, Eboussi Boulaga 1995).

Une relecture attentive de la presse sous-régionale de l'époque montre, cependant, que l'événement béninois a d'abord été interprété, chez les voisins, comme une brèche dans un horizon bouché.[52] Il a fait émerger un nouveau champ des possibles, une nouvelle multiplicité d'avenirs virtuels, incertains, mais pensables désormais, que l'esprit le plus audacieux ne se serait jusque-là pas risqué à prédire. Davantage encore qu'un modèle, l'événement béninois apparut en fait, chez les voisins mais aussi au Bénin lui-même, comme une divine surprise (Iroko 1994).

Avec sa douzaine de coups d'État, dont cinq réussis, sa dizaine de présidents et ses cinq constitutions entre 1963 et 1972, année de prise du pouvoir par le commandant Kérékou, le Dahomey, bientôt rebaptisé Bénin[53], passait pour «l'enfant malade de l'Afrique». S'il s'était «stabilisé» sous la férule kérékiste, en dépit d'autres tentatives de coup d'État (trois en 1988), c'était déjà pour prendre l'allure d'un modèle, mais... celui de banqueroute: le 7 décembre 1989, quand le parti unique a annoncé la convocation d'une Conférence nationale, les écoles étaient fermées depuis un an, les salaires impayés depuis six mois, les fonctionnaires en grève perlée depuis au moins autant de temps, les banques en faillite. L'insurrection populaire, patiemment préparée par le Parti communiste du Dahomey (PCD, clandestin) paraissait à deux doigts de tout balayer.

Une alternance modèle?

Le PCD restait alors, au pays, la principale force organisée à affronter le régime. Sa stratégie était de le harceler jusqu'à le faire tomber comme un fruit mûr, au moyen d'un éventail tactique allant de la résistance passive dans les campagnes (avec le refus de payer la taxe dite civique) à l'agression physique des «traîtres à la cause du peuple», en passant par l'infiltration des organes du parti-État, notamment au ministère du Plan et de la statistique, ainsi qu'à la Présidence de la République.⁵⁴

On doit au PCD l'interception et la diffusion à grande échelle d'une note adressée à Mathieu Kérékou par son directeur de cabinet, au sortir d'un entretien avec l'ambassadeur de France à Cotonou, alors que le Comité central du parti unique, le Comité permanent de l'Assemblée nationale révolutionnaire et le Conseil exécutif national (gouvernement) terminaient ce jour-là une session conjointe. Des photocopies de cette note, en son temps divulguée dans la presse internationale, peuvent encore être trouvées au marché Dantokpa de Cotonou, mais nous la reprenons *in extenso* pour les lecteurs non Béninois:

Cotonou, le 7 décembre 1989

À l'attention du Camarade Président de la République,

En exécution des instructions que vous avez bien voulu me notifier au cours des travaux de la 7ᵉ session extraordinaire du Comité central, j'ai invité et reçu dans mon bureau, dans l'après-midi du mercredi 6 décembre 1989, Son Excellence Monsieur Guy Azaïs, Ambassadeur de France.

À la question de savoir s'il avait reçu de Paris un message destiné au Chef de l'État et relatif aux suggestions des autorités françaises sur le contenu des réformes à opérer dans notre pays, Monsieur Azaïs m'a répondu par la négative.

«M. Jean-Christophe Mitterrand a dû se tromper, ou alors il fait allusion aux indications contenues dans certains télex que j'ai reçus tout à l'heure dans la mi-journée».

L'ambassadeur a alors sorti de son porte-documents une liasse de télex qu'il a commencé à parcourir rapidement pour repérer lesdites indications et m'en donner une lecture assortie de ses propres commentaires.

«1) La partie française souhaite que les décisions qui vont sanctionner la session conjointe mentionnent clairement qu'il sera procédé à une révision de la loi fondamentale.

2) Il conviendrait que le Chef de l'État, dans son discours, ou le communiqué de la session, annonce la tenue d'une convention nationale ou d'états-généraux, ou d'assises nationales... Peu importe la dénomination d'une telle structure, c'est à vous-même d'en décider... Mais il serait bon, si possible d'en indiquer ne serait-ce que sommairement les participants... Je pense par exemple à des professeurs de droit dont le concours est toujours très utile en matière constitutionnelle, ainsi qu'aux représentants des églises, des syndicats, etc.

3) Il serait bon de tracer le mandat de cette convention.

4) En ce qui concerne les grands axes des réformes constitutionnelles à faire, les autorités françaises seraient particulièrement sensibles à la mention très explicite d'une séparation du Parti et de l'État. Si ces mots peuvent apparaître dans le communiqué, cela ferait le meilleur effet.

5) Il serait également souhaitable que le communiqué annonce la tenue d'un congrès du parti qui aura à déterminer des modalités nouvelles devant

permettre d'accueillir au sein de ses structures toutes les sensibilités politiques du pays.

6) Il conviendrait aussi d'annoncer que l'ensemble des décisions relatives aux changements constitutionnels envisagés sera ratifié par l'Assemblée courant février 1990. Il est hautement souhaitable que l'on n'aille pas trop loin au-delà de cette période... En début d'année, c'est le moment propice aux opérations de décaissement de ressources.

7) Nous sommes prêts à vous venir en aide pour financer les activités politiques nationales liées à la mise en œuvre de ces réformes, notamment les assises de la convention nationale.

8) Il serait bon de déterminer le mode de saisine et de fonctionnement, auprès de la Justice béninoise, de la commission nationale de vérification des biens et de préciser la possibilité de faire intervenir des commissions rogatoires. Une assistance de la Banque mondiale à cette commission serait une excellente chose».

En vous rendant compte de la teneur de cet entretien, je voudrais suggérer qu'elle soit portée à l'attention conjointe, et exploitée, le cas échéant, par le comité de rédaction du communiqué final.

Vos instructions m'obligeraient.

Prêts pour la révolution !
La lutte continue
D.C./P.O.[55]

Ce même 7 décembre 1989, le communiqué final de la session conjointe allait annoncer la convocation d'une Conférence nationale et en préciser l'objectif: élaborer une nouvelle constitution garantissant la séparation du parti et de l'État, la création d'un poste de Premier ministre, la responsabilité des futurs gouvernements devant l'Assemblée sur la base de programmes, le renforcement de la capacité d'initiative des collectivités territoriales et, *last but not least*, une adhésion sans réserve au principe du libéralisme économique (Comité central du PRPB *et al.* 1990).

C'est à la réalisation de ce programme qu'a travaillé le Comité préparatoire de la Conférence nationale présidé par l'avocat Robert Dossou. Entré six mois plus tôt au gouvernement, avec d'autres personnalités notoirement distantes du parti unique — surtout des enseignants, dans une tentative d'infléchir la radicalisation de la grève universitaire et scolaire — Me Dossou s'est souvent expliqué sur la paternité partagée de la Conférence nationale:

> Le schéma est de moi, l'expression ne l'est pas. Elle est de Kérékou qui affectionnait ces mots depuis une dizaine d'années mais ne s'était jamais vraiment soucié de leur donner un contenu. Contre son inertie face à l'insurrection montante, j'ai exprimé une révolte. Je lui ai proposé de tout

suspendre, de prendre le pouvoir par décrets pendant trois jours et d'engager une démocratisation. Il m'a dit qu'il ne pouvait plus faire de coup d'État, c'est lui qui a ressorti les mots de Conférence nationale, il n'a pas dit comment faire, il m'a demandé de tout imaginer.[56]

On sait moins que la France n'était elle-même pas franchement convaincue par ses propres instructions. Toujours Robert Dossou :

> La France n'y était pour rien du tout. On a contacté les bailleurs de fonds pour financer la Conférence, puis j'ai eu un problème avec Michel Jolivet, chargé d'affaires de la France au Bénin. Il était débauché par un vieux politicien de retour, Albert Tévoedjré [qui sera néanmoins rapporteur général de la Conférence]. Il m'a dit au téléphone que ça ne marcherait jamais, que les partis politiques [non encore reconnus, mais baptisés «sensibilités»] ne viendraient pas et qu'en tout cas il ne finançait plus. Je lui ai dit m... et je lui ai raccroché au nez. Kérékou m'a dit que j'avais bien fait et qu'on se débrouillerait. Moi-même, j'ai préfinancé une partie de la Conférence, je n'avais pas le choix, je jouais ma vie parce que je narguais tout le monde. On a fini par boucler le financement avec le Fonds de liquidation d'un avion de l'État. La France n'y croyait pas. C'est seulement quand tout était en place qu'elle s'est plus ou moins rangée à l'avis de l'ambassadeur Guy Marie Azais qui, lui, était le seul résolument OK depuis le début.[57]

L'opposition libérale en exil pouvait elle aussi prétendre à l'initiative de la Conférence nationale. Quelques jours seulement avant l'annonce officielle de sa convocation, une partie de la diaspora béninoise s'était réunie à Versailles, sous le nom de Club Perspectives 99, pour adopter une Charte préconisant explicitement l'instauration d'un bref régime transitoire et l'élection d'une Assemblée constituante. Sa référence était délibérément la Révolution française. «J'avais intentionnellement choisi Versailles», insistera l'homme d'affaires Séverin Adjovi, organisateur de la réunion, «parce que c'était dans cette ville que 200 ans plus tôt, en juin 1789, les États généraux s'étaient réunis et avaient doté la France de sa première Constitution» (Adjovi 1992:170).[58]

On comprend aisément que le PCD, ayant supporté l'essentiel de la répression kérékiste (ASSANDEP 1990), se soit opposé à une apparente répétition de l'histoire, où la bourgeoisie s'emparerait à nouveau, au Bénin comme en France autrefois, des bénéfices d'une insurrection populaire. Aux communiqués lancés à la radio par Mᵉ Dossou pour l'inviter à se joindre à la Conférence, son bureau politique répondit, en janvier 1990, par un document la dénonçant comme «un marché de dupes».

Les assises béninoises n'ont cependant obéi à aucune formule préétablie, quoi que puissent en suggérer les comparaisons, toujours possibles, mais trop réductrices, avec les États généraux de la révolution française, ou avec l'arbre à palabre, ou encore les deux à la fois.[59] Les plans du président Kérékou, attendant de la Conférence un document de réconciliation baptisé à l'avance

Charte d'union nationale (Kérékou 1990), comme ceux de Robert Dossou n'envisageant qu'un recueil de suggestions non exécutoires, ont été balayés.

À visionner quelques années plus tard les enregistrements vidéo de la Conférence nationale[60], on remarque une vive tension, lisible sur la plupart des visages. Cette tension, présente dès la séance d'ouverture, n'a fait qu'augmenter avec la proclamation de souveraineté. «Il s'agissait d'un mélange de crainte et de perplexité», confirme Mgr de Souza, le président élu du présidium de la Conférence nationale:

> Nous savions seulement que nous allions quelque part mais nous ne savions pas encore ni où, ni si nous y arriverions. Le gouvernement avait très bien préparé la Conférence nationale, il avait préparé et distribué de nombreux documents introductifs, mais les participants ont donné une orientation imprévue: que leurs décisions entrent tout de suite en vigueur. Au lieu de mettre un emplâtre sur une jambe de bois, ça a été une révolution. Dès l'une des premières séances, un des participants s'est levé pour demander: «On est là pour quoi? Pour donner des conseils ou pour être souverains»? On s'est tous levés, la salle a chanté l'hymne national, et c'était réglé !⁶¹

Menacée à tout moment de se solder par une interruption autoritaire, un putsch, voire une guerre civile selon les rumeurs les plus inquiétantes, la Conférence nationale du Bénin, tenue du 19 au 28 février 1990, est restée incertaine jusqu'au bout. Même proclamée souveraine, son bon déroulement continuait en effet de reposer, dans une large mesure, sur l'agrément du président Kérékou, maintenu à son poste, tout en étant dépouillé de l'essentiel de ses prérogatives. Mais l'incertitude béninoise n'a pas vraiment retenu l'attention des voisins ouest-africains. L'élection, à la fin des travaux, d'un Premier ministre de transition pour une période d'un an (Nicéphore Soglo) et la mise en place d'un organe législatif provisoire (le Haut conseil de la République, HCR, présidé par Mgr de Souza) ont en revanche constitué une forte source d'inspiration.

La première de toutes les Conférences nationales a été passionnément suivie dans la sous-région, plus ou moins imitée ou réinventée, partout revendiquée, occasionnellement parodiée.[62] Sa popularité internationale, auprès des forces démocratiques, n'était pas seulement due à des résultats immédiats ni à des mérites intrinsèques. Elle provenait en grande partie d'une conséquence plus lointaine, nullement garantie mais observée au Bénin, et voulue reproductible: la victoire du Premier ministre de transition, Nicéphore Soglo, à la présidentielle de mars 1991, faisait espérer d'autres alternances électorales au terme d'autres transitions formelles. Chez certains chefs d'État contestés, un puissant facteur d'acceptation des Conférences nationales fut également le vernis de respectabilité conféré par de telles assises, pour peu qu'on sache survivre à leur épreuve.

De fait, la Conférence nationale béninoise ne présageait pas, par elle-même, l'alternance électorale. Là aussi, l'incertitude allait être très forte. Elle allait perdurer jusqu'à l'acceptation de sa défaite par le président Kérékou au second tour d'une élection émaillée de violences ponctuelles dans l'Atacora et le Borgou, à Parakou et Natitingou, ses bastions électoraux au nord du pays. Une acceptation au demeurant bien laborieuse: après l'annonce des résultats, il faudra encore attendre cinq jours, le temps pour le HCR de voter une loi d'immunité en sa faveur, pour que le président sortant reconnaisse publiquement la victoire de son rival.[63]

Le dénouement électoral constitue de toute façon un prisme trop réducteur pour apprécier un éventuel modèle. Car là où l'«expertise» béninoise fut sollicitée, et elle le fut souvent, elle s'employa avant tout à conseiller les voisins sur les manières de contenir la violence, sinon toujours de l'éviter, en posant à plat leurs problèmes nationaux. Mgr de Souza conduisit ainsi plusieurs missions de bons offices:

> L'intervention extérieure qui me laisse le plus d'amertume est celle que nous avons menée au Togo, juste après leur Conférence nationale [8 juillet-28 août 1991]. Entre Eyadema et Koffigoh, le torchon brûlait et menaçait d'embraser tout le pays. Ça dégénérait, alors le président Soglo m'a demandé d'y aller avec Hubert Maga [président du Dahomey de 1960 à 1963 puis de 1970 à 1972] et le professeur Théodore Holo. C'est moi qui présidais la mission bien que ça aurait plutôt du être notre doyen Maga. Nous sommes restés une semaine à Lomé, on a rencontré Eyadema, Koffigoh, le président de l'Assemblée nationale. On a discrètement joué le rôle de médiateurs sans en avoir le titre. Bien, bravo, on a évité la guerre civile, mais *a posteriori* et avec regret, je me dis qu'on a travaillé au rétablissement de Eyadema
>
> Soglo nous a demandé la même chose au Congo. L'ordre de mission, c'était: «tu vas là-bas, tu te débrouilles». Cette fois, j'étais seul, là encore médiateur officieux. J'étais reçu par le président Sassou Nguesso, le Premier ministre et Mgr Kongo qui avait présidé leur Conférence nationale [25 février-10 juin 1991]. Sassou m'écoutait parler une heure de temps sans prendre de notes et quand je lui disais «j'ai fini», il reprenait tout point par point: «ici, d'accord… enfin pourquoi pas… mais là vous ne connaissez pas tout à fait les réalités locales, etc., etc.». Il m'enrobait, en quelque sorte, et j'avoue que ça ne me plaisait pas trop.
>
> Les choses ont en revanche été beaucoup plus simples pour le Niger puis le Mali, qui préparaient alors leurs Conférences nationales [toutes deux ouvertes le 29 juillet 1991, respectivement jusqu'au 12 août et au 3 novembre]. Leurs délégations sont venues nous voir à Cotonou. Elles avaient bien saisi l'enjeu de telles assises: discuter de ce qui fait mal, libérer la parole et surtout, surtout, réconcilier le peuple avec lui-même. Le Mali, dont l'ancien président Moussa Traoré était déjà en prison, n'en avait pas besoin pour amener une alternance. Mais sa délégation avait compris que l'essentiel résidait dans la paix et la réconciliation. La délégation nigérienne aussi, m'a-t-il semblé. Mon message était invariablement que le pouvoir politique devait redevenir digne, moral et réconciliateur, avant d'engager les compétitions partisanes.[64]

Passées les Conférences nationales et leurs lendemains immédiats, la sous-région, prise dans des urgences nationales chaque fois très pressantes, s'est globalement détournée de l'expérience béninoise. Le mandat présidentiel de Soglo est passé quasiment inaperçu chez les voisins. Le Bénin n'a refait les gros titres qu'avec la présidentielle de 1996. Pratiquement toutes les télévisions de la sous-région ont alors diffusé les images du ballet nocturne de *zémidjans* (motos-taxis), sillonnant Cotonou avec des torches allumées au soir du 20 mars cette année-là, quand les premières estimations donnaient Kérékou vainqueur. Celui-ci, d'après la rumeur, aurait accueilli sa défaite de 1991 par ces mots: «Vous reviendrez me chercher chez moi avec des torches!».

Hors du Bénin, les torches de Cotonou n'ont pourtant pas été interprétées comme un signe de mémoire, mais d'amnésie. Réponse de fortune à la disette financière des années 1980, les *zémidjans*, souvent pilotés par de jeunes diplômés de l'enseignement supérieur, symbolisaient la faillite du régime Kérékou 1.

Kérékou 2, le retour

Pour beaucoup, le retour de Kérékou ne pouvait être qu'un mauvais film, un *remake* d'un scénario déjà joué en Pologne, donnant crédit à l'idée, infiniment paresseuse, d'une vague nostalgie des dictatures. Moins empressés, quelques observateurs soucieux de détails se sont focalisés sur Rosine, épouse du désormais ex-président Soglo et fondatrice de son parti Renaissance du Bénin (RB); sur ses fils, parmi lesquels l'envahissant aîné Lehady, chargé de mission à la présidence; sur Désiré Vyeira, frère de Rosine et ministre d'État, chargé de la Défense et de la coordination de l'action gouvernementale; sur Patrice Talon, beau-frère de Désiré, prenant le contrôle d'une large partie de la filière coton à la faveur des privatisations; sur Saturnin, frère de Nicéphore, ambassadeur en Allemagne...[65] Bref, sur un circuit familial doublant les circuits officiels de décision.

D'autres, mais plus étroitement au Bénin, et alors sogloistes déclarés, ont fait valoir un complot international. Leur thèse n'était pas infondée, dans la mesure où l'exubérante américanophilie du président Soglo ne pouvait qu'irriter la France. Le Bénin n'était certes pas un grand enjeu pour elle, mais la magnification du modèle américain dans le moindre discours du président Soglo décida Jacques Toubon, alors ministre français de la Justice, à financer le concours de deux «experts» français à la campagne électorale de Kérékou, parmi d'autres interventions à peine plus discrètes, comme le parrainage du premier quotidien privé béninois.[66]

Depuis le coup d'État d'IBM au Niger, tous les voisins étaient en outre placés sous une férule militaire qui ne goûtait guère les pouvoirs civils. Le général Abacha, soumettant encore le Nigeria «anglophone» à une poigne de fer, avait très mal digéré la superbe ignorance du vice-président américain Al Gore, déclinant en 1995, à l'occasion d'une chaleureuse visite au Bénin, la moindre escale nigériane. Lors des élections, le Nigeria et le Togo ont sélectivement fermé leurs frontières aux migrants béninois et aux bi-nationaux, ne l'ouvrant qu'aux kérékistes présumés.[67]

Toujours couleur kaki, les autres pouvoirs «francophones», burkinabé et nigérien, se seraient au moins prêtés au convoiement vers l'état-major kérékiste de fonds français et gabonais, estime-t-on volontiers dans le camp des vaincus. Cette dernière allégation n'est à notre connaissance ni prouvée ni improbable.

Cependant, la défaite de Nicéphore Soglo s'explique d'abord et avant tout par sa propre incapacité à composer avec les réalités sociales et politiques de son pays. Nicéphore Soglo n'était certainement pas un «farouche combattant de la démocratie libérale» avant la Conférence nationale (Quantin 1994:6). À l'ouverture de ces assises, il était d'ailleurs inconnu de la grande majorité des Béninois. De décembre 1965 à décembre 1966, il avait brièvement été ministre des Finances et du tourisme dans un gouvernement formé par son cousin, le général Christophe Soglo (Adamon 1995:100). Il en avait démissionné pour rejoindre le FMI, comme gouverneur, puis en 1979 le colonel Kérékou l'avait nommé administrateur à la Banque mondiale. Son parcours était celui d'un technocrate. Il s'est appliqué à le poursuivre, tant dans ses fonctions de Premier ministre (1990-1991) que de président de la République (1991-1996), en œuvrant essentiellement à rétablir les fameux «grands équilibres macro-économiques de l'État».

Comme Premier ministre, Nicéphore Soglo passe encore. Mais en 1991, il n'avait pas été élu président pour rétablir lesdits équilibres, en tout cas pas seulement: il s'agissait alors, principalement, de faire partir Kérékou. Sa candidature était portée par une alliance de trois partis, l'Union pour le triomphe du renouveau (UTR), et soutenue par beaucoup d'autres. Tous pouvaient espérer en retour quelques postes gouvernementaux ou administratifs. Généralement bien disposés à son endroit, d'anciens dignitaires pré-kérékistes avaient eux aussi offert leurs services. Mais Soglo préféra gouverner avec des hommes de son choix.

Sa superbe ignorance des dettes électorales et des marchandages politiques procédait, en partie, d'un souci d'efficacité. L'orthodoxie économique et financière du Bénin, telle qu'il la concevait, ne devait souffrir ni contrainte ni retard. Mais cette attitude inusitée valait aussi pour dédain d'une classe politique qu'il allait bientôt qualifier, en bloc, de «microcosme». Sa majorité parlementaire initiale fut, en conséquence, de courte durée. Officiellement, il la perdit aux législatives de 1995. De fait, elle s'était dispersée dès les premières manifestations de surdité présidentielle aux ambitions des uns et des autres, les alliances commençant alors à se nouer et à se dénouer au gré des circonstances (GERDDES-Afrique-CIRD 1994).

Lorsqu'il fallut voter, après la dévaluation du FCFA en 1994, un budget réduisant le pouvoir d'achat des fonctionnaires, l'Assemblée nationale lui tourna le dos. Soglo dut exécuter son budget par ordonnances. Il essuya un refus similaire lorsqu'il sollicita l'autorisation de ratifier un nouveau plan d'ajustement structurel, le troisième (PAS III), à quelques mois des élections de 1996.[68] Là encore, il lui fallut recourir aux ordonnances. La constitution lui reconnaissait ce pouvoir exceptionnel. Mais l'opposition ne pouvait manquer de fustiger «l'usage abusif» qu'il en faisait. Soglo était déjà perdu. Les députés, dont il avait publiquement déclaré qu'ils étaient des «honorables entre guillemets» (Adjovi 1998:117), se firent fort de dénoncer une dérive dictatoriale — suprême accusation pour le premier chef d'État ouest-africain issu d'une «transition démocratique».

Le «microcosme» politique lui enseignait qu'il y a, sinon contradiction, du moins une grande distance entre technocratie et démocratie. L'une ne saurait valoir pour l'autre. Hors du champ politique formel, l'incapacité de Soglo à retenir les forces sociales qui lui étaient acquises n'est pas moins instructive. Un épisode, parmi d'autres, illustre bien sa propension à faire le vide autour de lui: Ouidah 92.

Sa décision d'organiser à Ouidah dans le Sud du pays un «Festival mondial des Cultures voduns», un an après son élection à la présidence du Bénin, fut immédiatement et fortement contestée. Ce festival était officiellement annoncé comme un moyen de ressouder la nation béninoise autour de sa diversité culturelle, en prévision d'autres festivals à organiser dans l'ensemble des régions du pays. Il était également présenté comme une opération économique, visant à faire du Bénin une destination de tourisme culturel.[69]

L'Église catholique, s'étant toujours opposée aux cultes voduns, fut la première à s'insurger. Forte de la popularité acquise par Mgr de Souza à la tête de la Conférence nationale puis du Haut conseil de la République, elle s'est déclarée:

> bafouée par le nouveau gouvernement qui, selon elle, se détourne des affaires politiques urgentes, comme la mise en application de la nouvelle constitution au profit d'actions médiatico-politiques dangereuses. L'Église reproche haut et

fort au gouvernement de menacer la laïcité de l'État, et par-là même les fondements de la démocratie, en s'occupant d'affaires appartenant à la sphère du privé. (...) Dans la presse béninoise, des ecclésiastiques ont repris presque terme à terme les propos de M. Kérékou sur l'embastillement des adeptes dans les couvents et le non-respect de la personne humaine (Tall 1995:201).

De très nombreux Béninois ont renchéri en soulignant qu'après le désastre économique du régime Kérékou, il y avait pour la reconstruction du pays des priorités autrement plus aiguës. Ouidah 92 contribua à priver le président Soglo de plusieurs alliés et collaborateurs. Écarté de ce dossier, auquel il était hostile, son ministre de la Culture, le philosophe Paulin Houtondji, ne tarda pas à démissionner (Hountondji 1995). Entre les deux tours de l'élection suivante, celle du retour de Kérékou, Mgr de Souza condamna sans appel la présidence Soglo (de Souza 1996a, de Souza 1996b).

Le vodun, première religion du pays en termes d'effectifs (*Mémoire du Bénin* 1994), aurait-il pu compenser la défection de la puissante Église catholique? Une telle base sociale est restée virtuelle. Ouidah 92 l'aura déchirée avant même de l'asseoir. Pour l'occasion, une association des chefs de cultes voduns avait été montée par décision gouvernementale. Elle exacerba les tensions entre cultes voduns «traditionnels» et cultes «nouveaux». Les chefs des premiers, intimement liés aux anciennes dynasties aboméennes (dont est issu Nicéphore Soglo), n'admettaient pas que le président de leur nouvelle association soit un «néo-vodun». Son culte, importé du Ghana dans les années 1940, était un culte «populaire», recrutant parmi les laissés pour compte, les pauvres, les amoureux éconduits, les malades. Pour autant, la nouvelle association ne satisfaisait pas mieux l'importante corporation des guérisseurs (ou tradipraticiens), collectivement interdits d'adhésion.[70]

À la différence de l'Église catholique, les grandes familles d'Abomey, bastion électoral du président Soglo, surent pardonner et entretenir, à chaque échéance électorale, des consignes de vote en faveur de leur «fils du terroir». Elles se montrèrent d'autant plus clémentes qu'au fond, l'idée de structurer la religion vodun autour d'une hiérarchie officielle n'était qu'une chimère de technocrate:

> Entre les voduns, les néo-voduns et aussi les religions nouvelles, comme le Christianisme céleste ou l'Union pour le Renouveau de l'Homme en Christ, la compétition est forte dans tout le Sud du pays. Mais elle se joue toujours au niveau local, villageois, loin des injonctions du gouvernement. En y mettant son nez, Soglo n'a rien gagné de politiquement significatif. Ses rêves, c'était du vent. Il ne pouvait rien maîtriser, et le vent a seulement soufflé la discorde dans son propre camp.[71]

Sans doute Nicéphore Soglo a-t-il été plus maladroit que le commun des élites ouest-africaines. Sa défaite électorale de mars 1996, confirmée en mars 2001, évoque cependant quelques thématiques majeures. Le sort réservé aux anciennes générations politiques, leur renouvellement, et la représentation des diverses composantes de la société figuraient en effet, dans toute la sous-région, parmi les questions essentielles du moment démocratique, avec l'économie de la violence et la re- (ou dé-) légitimation des fonctions étatiques.

Ces questions furent projetées en pleine lumière par les Conférences nationales, mais elles se posaient aussi dans les pays n'ayant pas tenu de telles assises. Aujourd'hui encore, elles demeurent centrales dans la transformation des systèmes politiques ouest-africains. Un retour sur les Conférences nationales fournira une base à leur nécessaire discussion.

Les Conférences nationales

Dans un livre débordant d'enthousiasme, le philosophe Fabien Eboussi Boulaga invite à «libérer les possibilités» des Conférences nationales. Il entend par-là que la tentation de les juger à l'aune de leurs réalisations pratiques ne devrait pas occulter ou camoufler l'œuvre inventive qui s'y est déployée, œuvre à la fois libératrice, civilisatrice et fondatrice de communautés politiques inédites (Eboussi Boulaga 1993).

Leur révélation décisive, soutient-il, serait d'avoir puisé dans l'expérience de la souffrance, des autoritarismes et des impérialismes de tout crin, l'énergie d'ouvrir des voies d'accès au droit universel à la liberté, à une économie universelle de la liberté, à une culture universelle de toutes les libertés. Il sollicite, pour en rendre compte, l'éclairage de cinq modèles, mutuellement liés: la fête, le jeu, la thérapie, la palabre, l'initiation.

La fête, le jeu

Pour l'intelligence des Conférences nationales, la fête, comme phénomène de transgression de l'ordre établi, et le jeu, comme activité ayant ses propres règles dans un espace et un temps clos, sont indissociables. Quelques jours ou quelques semaines durant, les sans-grade ont pris la place des puissants. Ils les ont au moins symboliquement renversés de leurs trônes, dans des lieux de surcroît chargés de mémoire, tels l'hôtel PLM Aledjo de Cotonou, jusque-là plus connu comme centre de torture. Tout s'est arrêté pour faire place aux récits de souffrance, au souci de faire savoir, de dire et de comprendre en commun. Les sans-voix ont pris la parole, selon des règles par eux édictées. Des règles au demeurant parlementaires, suspendant momentanément le principe de concentration du pouvoir politique dans les mains d'un seul ou d'un clan.

La thérapie

Retenue par Eboussi Boulaga dans son versant ethnopsychiatrique, la thérapie ne concerne pas seulement l'individu malade, ou tenu pour tel. Ses rituels s'adressent au groupe qui maintient en son sein le malade, l'aliéné, celui qui s'est rendu étranger à la société et à ses normes, de manière à favoriser sa rémission, sa re-socialisation pleine et entière. Ce faisant, la société déjoue les menaces que représentait, pour son intégrité, la déviance d'un individu singulier. Elle reporte sur lui les symptômes de sa propre mise en crise, opérant ainsi une médiatisation dont le but ultime est de se protéger elle-même.

Eboussi Boulaga (1993:152-53) souligne correctement que «la purgation se fait par l'aveu et la confession», mais il va un peu vite en besogne en suggérant que les Conférences nationales ont épousé «la structure d'un procès avec interrogatoire et contre-interrogatoire, jusqu'à ce que les accusés plaident coupables et reconnaissent leur faute». L'œuvre thérapeutique est en fait restée inachevée. En guise d'«aveu» et de «confession», les accusés ont plus volontiers servi la preuve de leur raideur. Ils ont parfois été confortés dans cette direction par la crainte d'une chasse aux sorcières, si d'aventure le pouvoir d'État leur échappait.

C'est ainsi que la Conférence nationale du Togo, s'essayant de manière tout à fait contre-productive à engager la dissolution de l'ex-parti unique, a exacerbé malgré elle la dérive répressive du général Eyadema. Les accusateurs eux-mêmes n'ont donc pas toujours eu la souplesse, ou le sens politique, de ménager une porte de sortie aux anciens régimes. Zeus Ajavon, qui rédigea l'avant-projet d'Acte n° 1 portant souveraineté de la Conférence nationale du Togo, et qui fut rapporteur de sa Commission constitutionnelle, en témoigne:

> Personne n'a osé résister à la pression de la salle, d'autant que la télévision nous filmait en direct. Notre crime, notre erreur fondamentale a été de nous laisser guider par les venus de France [les opposants en exil]. C'étaient eux les vrais leaders. Les leaders politiques du pays, ne voulant pas passer pour des traîtres, ont versé dans la surenchère. On a laissé passer un langage et des propos orduriers contre Eyadema, tout en sachant qu'il ne manquerait pas de se fâcher. Le présidium de la Conférence nationale est allé le voir, sur les conseils de Mgr de Souza qui avait arrondi les angles au Bénin. Mais nos venus de France ont commencé à pétitionner pour destituer Mgr Kpodzroh, le président du présidium, coupable d'avoir parlé à Eyadema. Devant sa télé, Eyadema observait tout ça, quand on disait: «Il n'a qu'à venir, il verra ce qu'on va lui faire». À partir de là, c'était fichu, nous avions gâché l'occasion de la Conférence nationale.[72]

Que le procès soit une métaphore des Conférences nationales, ou qu'il soit exceptionnellement bien réel, contre Moussa Traoré et plusieurs dizaines de co-accusés au Mali[73], il s'est le plus souvent éloigné du travail thérapeutique repéré par Eboussi Boulaga dans la ferveur des commencements. La souplesse dont surent ensemble faire preuve au Bénin Mgr de Souza et le président Kérékou est demeurée exceptionnelle. Encore n'a-t-elle pas suffi à assurer la «purgation» de ce dernier dans le temps clos de la Conférence nationale.

Kérékou allait devoir patienter plusieurs années encore. Sa rentrée politique de janvier 1996 était dans une certaine mesure l'aboutissement d'une métamorphose. S'étant fait oublier pendant le mandat présidentiel de Soglo, sur qui il allait prendre sa revanche électorale en avril, Kérékou réussit à faire passer ses années de silence pour une retraite spirituelle. Naguère anticlérical, il réapparut Bible en mains, en habit de clergyman, ponctuant chaque discours de références aux Écritures saintes, citées et récitées par cœur. Ce changement de personnage était digne de son emblème, le caméléon. Il lui permit de se réconcilier avec le peuple béninois, flattant à moindres frais sa religiosité. La transfiguration de Kérékou fut d'autant mieux accueillie que Soglo, on l'a vu, venait de se mettre l'Église à dos. À la différence du caméléon, dont Kérékou aime rappeler qu'il se déplace sur la branche sans la casser, Soglo avait perdu l'essentiel de ses appuis.

Le retour en grâce des anciennes générations politiques, par élimination ou condamnation des politiciens de l'heure, démocrates ou pas, n'a pas été spécifique au Bénin. Les dernières années du moment démocratique ont vu s'opérer, dans toute la sous-région, avec bien sûr des variations de date et d'intensité selon les pays, une réécriture fondamentale de l'histoire politique la plus récente.

Le Sénégal allait ainsi redécouvrir Senghor, le président-poète de l'indépendance. Celui-ci a certes été l'un des premiers dirigeants africains à quitter volontairement le pouvoir en 1980. Il a également eu le mérite, rare en son temps, de tolérer officiellement une opposition politique (Desouches 1983, Senghor 1990). Mais ni les élections sanglantes de décembre 1963 ni la persécution des opposants sous son règne, ni même le principe d'une transmission du pouvoir à un dauphin, Abdou Diouf, ne sauraient objectivement conforter le pedigree démocratique qu'on lui réinvente (Ly 1997). Son successeur s'est longtemps et vainement essayé à domestiquer le Parti socialiste (PS) reçu en héritage, avant de se résoudre à marginaliser puis à éjecter de ses instances la vieille garde senghorienne. Parmi celle-ci, deux anciens barons choisirent finalement de faire scission. Djibo Kâ puis Moustapha Niasse, créant respectivement l'Union pour le renouveau démocratique (URD) et l'Alliance des forces de progrès (AFP) avant les élections législatives de 1998 et la présidentielle de 1999, se servirent logiquement du «défaut de démocratie interne au PS» comme d'un tremplin vers la condamnation d'ensemble du régime de Abdou Diouf. Leur propre généalogie politique contribua indéniablement à réchauffer le référent Senghor. Mais le retournement d'image du président-poète auprès de larges couches de la société sénégalaise, rurales autant qu'urbaines, ne laisse pas d'étonner. Pour le PS comme pour l'opposition, Senghor avait sa part de responsabilité dans les nombreux heurs et malheurs subséquents du pays, économiques, politiques ou sociaux. Voilà qu'on en refait un dirigeant de génie, un mentor trahi par son dauphin, dont le sobriquet *aay gaaf*[4] s'expliquerait par le fait d'avoir insuffisamment collé aux consignes du maître.

Un retournement semblable a été observé en Côte d'Ivoire (Toungara 1995), où l'héritage d'Houphouët-Boigny, mis en terre en 1994 et précédemment fort contesté, s'est imposé comme un thème majeur du débat politique national. La scission intervenue dans son parti, le Parti démocratique de Côte d'Ivoire (PDCI), n'a pas été le fait de ténors politiques aussi anciens qu'au Sénégal, mais Alassane Ouattara, devenant la figure de proue du Rassemblement des républicains (RDR), a tout de même été Premier ministre entre 1990 et 1993. L'alliance de son parti avec le Front populaire ivoirien (FPI) de Laurent Gbagbo, opposant de longue date (Gbagbo 1983), a installé le PDCI dans une mentalité d'assiégés, s'exprimant par une polarisation régionale et ethnique de la scène partisane. Le PDCI s'est pris à cultiver un ancrage méridional et baoulé, contre un FPI perçu comme un parti bété et de l'Ouest, et un RDR septentrional et dioula, ce dernier terme devenant sous la présidence d'Henri Konan Bédié dangereusement synonyme d'étranger fauteur de troubles, de migrant envahissant, de non-citoyen, d'inéligible (Coulibaly 1995). Là n'était certainement pas le projet d'Houphouët-Boigny pour la Côte d'Ivoire. Mais la compétition des partis s'est enrichie d'une nouvelle figure de style consistant à revendiquer, chacun pour sa chapelle, la plus grande fidélité aux idéaux de paix, de tolérance et d'unité nationale incarnés par un ancien président qu'on canonise à qui mieux mieux. On en oublierait presque que le passage d'Alassane Ouattara à la Primature n'était pas précisément une ère de liberté pour les Ivoiriens (Konaté 1996).

Au Togo, le fantôme du premier président Sylvanus Olympio, assassiné lors du coup d'État de 1963, n'a jamais cessé de planer. Il est malaisé de déterminer si la revendication personnelle de son assassinat par le général Eyadema, sergent-chef en ce temps-là, tient de la vérité historique ou de l'affabulation biographique (Toulabor 1986). Il est en revanche certain qu'en faisant de cet assassinat l'acte fondateur de sa propre auto-glorification, et en s'y référant sans discontinuer depuis trente ans, le général Eyadema a malgré lui contribué à redorer l'image de Sylvanus Olympio et de son parti, le Comité de l'unité togolaise (CUT). Ceux-ci n'étaient sans doute pas des modèles de démocratie ni de respect des droits de l'Homme mais, les ennemis de nos ennemis étant nos amis, ils sont revenus en force sous la houlette de Gilchrist, fils exilé de Sylvanus, s'imposant au milieu des années 1990 comme l'un des opposants les plus craints par le régime. «Chaque fois qu'il vient à Lomé, il y a des chars partout», explique Koffi M., mécanicien au quartier Ablogamé: «C'est le seul qui fait peur comme ça à Eyadema, comment voulez-vous qu'on ne l'aime pas?»[75]. Et si Gilchrist lui-même se retient de jouer la carte de la vendetta familiale, son parti l'Union des forces de changement (UFC) assume avec fierté la descendance du CUT (Olympio 1998). Facteur supplémentaire de popularité: la tiédeur originelle de Sylvanus vis-à-vis de la France reste plus que jamais de saison, quand l'engagement de ce pays aux côtés de Eyadema nourrit une francophobie rampante, fondée sur l'expérience de la répression.

Points communs à tous ces exemples: une thérapie efficace, pour des dirigeants anciennement contestés ou leurs héritiers, peut consister à venir grossir les rangs des contestations présentes; la réhabilitation symbolique d'une figure susceptible de contrarier, d'aider à isoler et si possible à congédier un dirigeant contemporain n'est pas la marque d'une soi-disant amnésie des peuples mais bien de leur capacité d'analyse stratégique; la réhabilitation fait partie intégrante des dynamiques de coalition.

La palabre

La palabre, chez Eboussi Boulaga, vaut pour l'archétype d'une circulation de la parole conduisant à une décision unanime. Son objet est d'enrayer les conflits internes, dont la violence risquerait d'échapper à toute régulation. Elle privilégie ainsi la conciliation, le rétablissement de l'unité, par la médiation d'une confrontation verbale. Celle-ci, pourvu seulement qu'on parvienne à la garder sous contrôle, n'exclut pas la dureté:

> Tous les méfaits passés de l'adversaire, le décompte exhaustif de ses vices et de ses tendances négatives et des occasions où elles se sont manifestées (invitent toute l'assistance (à) montrer où se trouvent les torts, par le recours contre-interrogatoire, au témoignage, à la sagesse des proverbes, à provocation qui irrite, déstabilise, fait honte et par-là rend réceptif ... compromis et aux accommodements (Eboussi Boulaga 1993:155).

Ni les propos injurieux ni les menaces proférées çà et là lors des Conférences nationales ne contredisent en soi le modèle de la palabre, du moment qu'o lui accorde cette fonction provocatrice et déstabilisatrice. Il suffit que les décisions adoptées *in fine* s'imposent comme inattaquables. Là réside précisément le sens d'une participation la plus large et la plus franche possible. Que chacun parle et que chacun écoute, de manière à dévoiler toute la plénitude des litiges, à éprouver en commun la difficulté d'une recherche d'arbitrages consensuels et, une fois ceux-ci dégagés, à prévenir leur contestation, à engager la responsabilité de chacun et de tous vis-à-vis de leur respect.

Les décisions les plus remarquées des Conférences nationales, celles qui forcent leur entrée dans la recherche universitaire (Dieppedalle 1994, Thiam 1994, Gandou 1995, Ziegler 1997) ont sans conteste été les décisions institutionnelles. On en compte principalement trois: la démission collective du gouvernement à l'exception du chef de l'État; l'élection d'un Premier ministre; la mise en place d'un organe législatif provisoire chargé de préparer une nouvelle constitution (ou d'en approuver l'avant-projet) et d'organiser une transition électorale à bref délai (plus ou moins un an). Encore faut-il bien mesurer ce que l'acceptation de ces décisions, par les dirigeants en place, doit à la circulation de la parole et à sa pression.

L'exemple béninois est une fois encore édifiant. Dès la lecture du projet de déclaration de souveraineté, le colonel Kouandété, vieux routier des coups d'État depuis les années 1960, est bruyamment intervenu. Il s'est insurgé contre la «malhonnêteté» des délégués, leur reprochant de «demander le départ de Kérékou plutôt que de l'aider à continuer d'assumer ses fonctions». Un vent de panique a aussitôt soufflé sur la salle. «Kouandété est un spécialiste des coups d'État», s'est écrié l'ancien président Ahomadégbè: «s'il menace, c'est qu'il va faire». Le président Kérékou lui-même, qui n'aura pas directement suivi l'intégralité des travaux mais y aura fait de spectaculaires irruptions, est intervenu le lendemain pour refuser de se plier à un «coup d'État civil».[76]

Que s'est-il donc passé entre cet instant-là et le discours de clôture du même Kérékou, s'engageant finalement à mettre en œuvre les décisions adoptées par les délégués? Principalement, deux choses. D'une part, la Conférence nationale lui a trouvé une porte de sortie acceptable: Kérékou ne voulait pas démissionner, elle lui a offert de rester avec des prérogatives réduites, mais surtout avec les honneurs. D'autre part, la parole, sa circulation et la légitimité qui lui est afférente ont fait leur chemin.

Les médias électroniques béninois, TV et radio, ont joué un grand rôle. La retransmission en direct des travaux de la Conférence nationale a montré à l'ensemble des Béninois la volonté de leurs délégués de parvenir à l'issue, non seulement la plus bénéfique pour le Bénin, mais aussi, et surtout, la plus largement acceptable. Avant même que les contours d'une telle issue ne se dessinent avec précision, les médias ont ainsi concouru à valider une méthode, celle de la palabre, dont les derniers mots pourraient tirer une force exécutoire. À moins de se déclarer étranger irréductible à la nation béninoise, dont il aura vingt ans durant affirmé servir les intérêts, Kérékou ne pouvait plus se dérober.

Au Bénin comme ailleurs, le parcours de la parole a de toute façon emprunté des circuits intermédiaires. Les plus décisifs d'entre eux ont été les multiples commissions et sous-commissions qui dressèrent, de manière toujours détaillée, des bilans sectoriels des régimes de parti unique et s'employèrent, parfois plus allusivement, à tracer les grandes orientations d'un futur redressement national[77]. Les documents servis par le Comité préparatoire de Robert Dossou n'auront pas été ici d'un grand apport. Sitôt proclamée la souveraineté de la Conférence nationale béninoise, contre toute attente et tout schéma préconçu, tout ce qui émanait de ce Comité fut poliment mais fermement versé à la poubelle.

La Conférence nationale souveraine du Togo a sur ce point suivi les traces béninoises, et même la Conférence nationale non souveraine du Mali — où l'incarcération de Moussa Traoré garantissait d'avance la condamnation de son régime — a repris à zéro ce double exercice d'état des lieux et de prospective. Comparativement, les travaux de la Commission préparatoire nigérienne ont été examinés de plus près (République du Niger 1991a, Agence nigérienne de presse 1992).

Partout, les retransmissions en direct ont nivelé par le haut le degré d'information des sociétés concernées, et ont ainsi concouru à augmenter leur pouvoir légitimant. Les commissions et sous-commissions durent toujours étayer leurs rapports par une multitude de témoignages, à charge ou à décharge, présentés en plénière. Il leur fallut accepter de les amender ou de les peaufiner en fonction des critiques ou recommandations avancées par l'ensemble des délégués, eux-mêmes exposés à la surveillance attentive des anonymes.[78]

Pour autant, la palabre reste au mieux un idéal-type, dont les Conférences nationales se sont tout au plus rapprochées. Il serait en effet naïf de croire que l'engouement pour ces assises des «forces vives de la nation» — selon la terminologie béninoise initiale, largement reprise ailleurs — et les chaudes batailles pour y participer — la «guerre des quotas», toujours selon une terminologie béninoise (Adamon 1994:33-43) — aient uniquement manifesté le souci de faire ou refaire l'harmonie des sociétés concernées. Pour les diverses forces politiques en présence, il s'est d'emblée agi de faire valoir l'avantage du nombre, comme en témoigne, toujours à propos du Bénin, un Robert Dossou somme toute dépassé par l'événement:

> La représentation du parti unique a soulevé dès le début une terrible levée de boucliers. Je lui avais réservé sept places, pas une de plus, correspondant au découpage administratif du pays. Mais j'avais surtout 76 délégués d'unions

paysannes, qui étaient de manière bien compréhensible sous son influence. Les autres partis naissants étaient fâchés contre ces 76 délégués. Ils me l'ont dit en privé, mais je leur ai demandé de le signifier par écrit, ce qu'ils ne pouvaient bien sûr pas faire, sauf à risquer de s'aliéner un électorat rural. Pour couper court à la critique, mon Comité préparatoire a réduit la présence du parti unique en tant que tel à deux délégués.

Notre mode de calcul était administratif, par département donc, et aussi par secteur gouvernemental: tant de places pour telle activité couverte par tel ministère. Des syndicats enseignants ont fait problème et je comprenais bien que je les pénalisais, mais je ne pouvais changer pour eux une règle majeure. Cette règle était d'éviter que des groupes de pression se ramifient en quarante sigles *ad hoc* pour être représentés quarante fois. Ça a marché jusqu'à un certain point, puis on a dû admettre des participants pendant la Conférence nationale, plus ou moins inventifs pour s'y faire accepter.[79]

De fait, toutes les Conférences nationales ont vu naître de multiples associations, souvent éphémères, dont le but principal était de venir renforcer les positions d'autres groupes plus puissants, en contournant les quotas officiellement alloués. De telles manœuvres invitent à nuancer le modèle unanimiste de la palabre africaine. Leur enjeu était clair: démultiplier des voix concordantes pour mieux les additionner contre d'autres voix lors des débats. Elles confirment en revanche l'universalité du principe majoritaire: quels que puissent être les efforts déployés en direction d'une décision unanime, l'arithmétique de la majorité reste en dernier lieu légitime et décisive.[80]

L'initiation

L'initiation récapitule tous les modèles précédents. En théorie, l'accès d'une nouvelle classe d'âge à la pleine responsabilité sociale, au terme d'une série d'épreuves codifiées, revigore la société par le renouvellement du lien entre générations vivantes et générations défuntes ou bientôt défuntes. En pratique, le renouvellement des générations politiques, avec ou sans Conférence nationale, s'est avéré remarquablement faible (Gbégnonvi 1995, Schraeder 1995, Daloz 1999).

Pire, l'exaspération des générations montantes contre l'ordre ancien s'est dans bien des cas reportée contre l'ordre émergent. Du saccage des écoles et des cabines téléphoniques «parce que le pouvoir est anti-jeunes» (Ly 1994:40) aux libertés prises avec le Code de la route parce qu'on est «en démocratisation» (Toulabor 1996a:67), les anecdotes peuvent être multipliées à l'envi dans toute la sous-région. Que disent-elles? Elles prennent sens au regard de l'expérience de l'autoritarisme, dont l'un des achèvements les plus préoccupants aura été de délégitimer, auprès de segments significatifs de la société, l'idée même d'une autorité légitime.

Les flambées émeutières de la jeunesse malienne en sont l'exemple type. Durant la Conférence nationale du Mali, et de manière à peine moins étroite durant l'année de transition conduite par Amadou Toumani Touré, l'incendie fut suspendu. Il s'était déclaré juste avant, au pic de l'insurrection de Bamako contre le «régime sanguinaire et corrompu de Moussa Traoré et sa clique». Cette formule, nouvellement consacrée par l'historiographie locale, restitue bien une double révolte: contre la brutalité de l'ancien régime, et contre sa corruption. La représentation dominante du parti unique était celle d'une association, non seulement de brutes, mais de voleurs. Aux grands délinquants fut appliqué le même châtiment qu'aux petits. On brandissait en tête des cortèges un pneu et un bidon d'essence, au nom du macabre article 320 (300 FCFA le litre d'essence, 20 FCFA la boîte d'allumettes) ou 320BV (pour «brûlé vif»); lapidant et incendiant au passage quelques hauts fonctionnaires, pas nécessairement associés à la dérive répressive du régime, mais dont le tort était de tomber sous la main; saccageant et pillant aussi de nombreux commerces, parfois tenus par des «protégés» du parti, mais dont la faute principale était d'être trop bien achalandés.

Presque aussitôt après l'alternance électorale de 1992, le feu a repris. La récurrence des formes émeutières, avec saccages et incendies, notamment début 1993, puis début 1994, et encore en 1995 paraît témoigner de la permanence d'une représentation du pouvoir, de tout pouvoir, comme entreprise délinquante.

Dans l'entendement des incendiaires, cette représentation «justifiait» le recours à une justice populaire expéditive. «La même logique reste à l'œuvre: faute de redistribution, les signes de l'accumulation sont détruits» (Fay 1995:24).

La jeunesse urbaine malienne, qu'elle soit scolarisée mais interdite de perspectives administratives – par l'instauration dès 1984 d'un concours d'entrée dans la fonction publique, puis par la réduction des effectifs de cette même fonction publique et par le gel des recrutements – ou qu'elle ne le soit pas – oscillant alors entre sous-emploi et chômage – ne tolère maintenant pas mieux qu'hier l'aisance relative des élites.

Qu'elle ait payé le plus lourd tribut à la chute de Moussa Traoré, en étant de surcroît mise en avant – au sens propre du terme – par les stratèges les plus radicaux du mouvement démocratique, n'a pu qu'entretenir un sentiment de frustration, voire de trahison:

> J'ai perdu un fils, tué par les balles de Moussa le 23 mars 1991. Il avait seize ans. J'en ai deux autres, ils étaient hier contre Moussa, aujourd'hui ils sont contre tout le monde. Ils n'avaient plus d'avenir, ils n'en ont toujours pas. Les politiciens qui sont aujourd'hui au pouvoir et ceux de l'opposition, tous

ensemble poussaient les jeunes à se faire tuer. Mais quand nos enfants sont morts ou blessés, c'est nous, les mères, qui sommes allées protéger leurs corps. Ils sont les éternels perdants, et quand ils sont fâchés, personne n'a plus rien à dire sauf prier Dieu.[81]

Au Mali comme ailleurs, la jeunesse urbaine est dépositaire d'une ambivalence fondamentale:

> Elle constitue la *clientèle* historique naturelle de la démocratie. Mais sa diversité sociologique (étudiants, élèves, jeunes déscolarisés, chômeurs) et son caractère non intégré en font potentiellement un pôle de dénonciation du *clientélisme* (Fay 1995:31).[82]

Après toute alternance, sa violence pointe le dilemme des nouveaux dirigeants. Faut-il rompre brutalement avec les pratiques anciennes en sevrant d'un coup, en asséchant les anciens réseaux de clientèle du parti unique, au double risque de se les aliéner et de se couper du «pays réel» et de ses attentes? Ou vaut-il mieux composer avec eux, s'efforcer de les capter, de les coopter, et s'exposer alors à la contestation radicale des exclus de toujours?

Le Mali est simplement un exemple plus fort que les autres (Nédelec 1990, Wonyu 1990). Auréolée d'une coiffe de martyre — «Morts pour la Démocratie» — sa jeunesse urbaine s'insurge contre les hésitations de la nouvelle classe politique. Ses outrances suscitent tout à la fois la peur, l'inquiétude et en même temps la compréhension des aînés, ainsi que d'infinies tentatives de tous les partis politiques de la récupérer, de l'amadouer ou de l'instrumentaliser — toutes manœuvres, particulièrement exacerbées dans le temps présent malien, qu'on retrouve largement dans la sous-région, après ou sans alternance, sous des formes plus ou moins atténuées (Toulabor 1996b, Bathily *et al* 1995; Diouf 1996).

La participation et la représentation

Toutes les Conférences nationales, sans exception, ont été des instants priviligiés de participation directe. Leurs listes de présence témoignent de la diversité des «forces vives» qui purent y trouver une tribune. Les partis politiques naissants ou sortants de clandestinité, les syndicats et les groupements professionnels, les associations de défense des droits de l'Homme ou de développement local y ont côtoyé des mouvements ouvertement régionalistes, des organisations religieuses plus ou moins prosélytes et toutes sortes d'individus parfois inattendus[83] mais toujours conviés à participer aux décisions collectives.

Hors des Conférences nationales, la diversité interne des coalitions démocratiques s'est exprimée de façon plus diffuse dans la rue, dans la presse, dans les usines, les bureaux et les champs. Partout, aux premiers temps du moment démocratique, les différentes forces coalisées ont ouvert des espaces de participation directe.

Avec le retour au multipartisme, plus ou moins heurté selon les pays, est venu le temps d'organiser la représentation, la médiation des partis. La revendication s'est rangée sous des bannières partisanes, principalement celles de l'opposition, qui ne parvinrent cependant pas à rallier l'ensemble des composantes du mouvement démocratique. Certaines reprirent alors leur indépendance, s'éloignant d'une compétition politique en cours de polarisation. Leur désengagement a souvent pris l'allure d'une métamorphose. Des ONG très présentes sur la scène politique nationale se sont repliées sur la gestion locale des conflits fonciers, d'autres se sont reconverties au courtage en développement, d'autres ont éclaté (Tidjani Alou 1996, Konté 1997). Des entrepreneurs économiques et des chefs religieux, distribuant naguère largesses et bénédictions aux troupes démocrates, se sont repliés, qui sur leurs affaires, qui sur le pouvoir spirituel (Kane et Villalon 1995, Ould Ahmed Salem 1996). Même des politiciens locaux, nourrissant un temps des ambitions nationales, en sont revenus à leurs terroirs (Ly 1994).

Les déchirements internes au sein de l'opposition, les luttes de leadership dans certains cas, dans d'autres les maladresses stratégiques ou tactiques, les compromis ou compromissions avec les pouvoirs en place, peuvent expliquer partiellement la dispersion des coalitions initiales (*L'Autre Afrique* 1997). Les «résultats» obtenus ou pas, en cours de route, par les divers acteurs du moment démocratique ont également pu jouer. Leurs projets ne faisaient pas tous de la même manière la part du souhaité et du faisable, et n'ont certainement pas abouti dans les mêmes proportions. Leur achèvement ou inachèvement variable renvoie toutefois à des questions plus fondamentales: quelle est la capacité des partis politiques à capter les aspirations de leur électorat potentiel? Jusqu'où leur compétition électorale reflète-t-elle les antagonismes sociaux réellement existants? Dans tous les cas, qui participe au jeu politique formel? Qui y représente qui ou quoi? Et qui reste en marge? Entre les Conférences nationales, qui ont toutes refusé du monde, et les élections, enregistrant souvent des taux élevés d'abstention, la comparaison est instructive.

Le temps des urnes

La participation aux Conférences nationales a toujours dépassé les projections des organisateurs. La limitation du nombre de délégués était fonction de la capacité d'accueil des salles retenues: de 500 places environ pour l'auditorium du PLM Alédjo à Cotonou, à un millier de places pour le Palais de la Culture à Bamako. Au fil des admissions tardives, les décomptes officiels ont perdu de leur rigueur, si bien qu'on ne sait plus exactement combien il y eut de participants. La Commission de vérification des mandats de la Conférence nationale du Mali a ainsi retenu le chiffre officiel de 1086 participants tout en reconnaissant que plus de 1800 badges avaient été distribués[84]. Les chiffres varient entre les sources officielles d'un même pays, par exemple de 493 à 512 délégués au Bénin[85], et doivent dans tous les cas être considérés comme des estimations basses. Il y eut environ 900 délégués au Togo, environ 1200 au Niger.

Le succès de participation des Conférences nationales tranche avec la désaffection, sensiblement croissante au cours des années 1990, pour les élections. Celles-ci étaient pourtant une revendication majeure du moment démocratique. Elles en ont constitué des étapes importantes, souvent dramatiques, avec leurs cortèges de contentieux et de contestations. Mais une majorité d'électeurs potentiels n'a pas exercé son droit de vote. Sur la soixantaine de consultations organisées dans la sous-région entre 1988 et 1996, seulement une poignée a enregistré des taux massifs de participation. C'étaient avant tout des référendums constitutionnels, suivis par quelques élections présidentielles, la participation étant généralement plus basse lors des législatives et des élections locales. Là encore, les chiffres sont peu fiables. Ils permettent toutefois de dégager un ordre de grandeur: dans près de deux tiers des cas, la participation s'est située dans une fourchette de 30 à 40%.[86] La présidentielle malienne d'avril 1992, pour laquelle elle fut inférieure à 24% au premier tour et à 21% au second (CERDES et al. 1997), marque en l'espèce un anti-record, mais celui-ci ne doit pas être pris pour un revers anecdotique.

Car plus encore que l'abstention, un autre indicateur signale les limites des élections: il s'agit de la faiblesse du nombre d'inscrits sur les listes électorales, en pourcentage de la population en âge de voter. Bien qu'on manque de recul, et que les quelques statistiques disponibles soient toujours à manier avec prudence, il semble que la tendance soit à la baisse depuis le début des années 1990. À l'échelle sous-régionale ou régionale, «le danger le plus grave et le plus pressant» pourrait bien être «la fin des élections par manque d'électeurs et d'électrices, celui d'élections sans électeurs» (Bakary 1998:12). En effet, la départicipation n'aide en rien à faire accepter les résultats du vote, c'est-à-dire à établir de façon convaincante qui doit exercer le pouvoir et qui doit patienter dans l'opposition jusqu'aux élections suivantes.

Participation, représentation: quelque part entre les deux, le moment démocratique a déraillé. Mais où exactement, et comment? Faudrait-il accuser en priorité les électeurs réels ou absents, les partis politiques et les candidats, les règles du jeu électoral, voire les formes institutionnelles qui se dessinent peu à peu?

L'initiative de la départicipation fut souvent revendiquée par l'opposition. Dans de nombreux cas, la partialité des administrations en charge des élections biaisait d'emblée l'issue du vote en faveur des pouvoirs en place.[87] L'opposition en général, ou celle dite «significative», a donc fait savoir qu'elle refusait de cautionner, en y prenant part, des élections suspectes. Elle s'est résolue dans de nombreux cas à adopter la stratégie de la chaise vide, multipliant les scrutins boycottés, tant législatifs (Mauritanie 1992 et 1996, Niger 1996) que présidentiels (Burkina Faso 1991, Togo 1993, Côte d'Ivoire 1995, Mali 1997), et les consignes d'abstention. Dans l'effervescence du moment démocratique, et de bonne guerre, on a volontiers assimilé les «victoires de l'abstention» à des victoires de l'opposition. C'était sans doute vrai jusqu'à un certain point.

Pour autant, l'abstention n'était pas un phénomène nouveau dans la sous-région. Elle constituait – avec la fraude et la violence – une tradition ancrée dans les mœurs électorales des ex-colonies françaises depuis au moins un demi-siècle, voire un siècle et demi au Sénégal (Morgenthau 1964, Koffi 1998). Dans les années 1990, la participation était depuis trop longtemps trop faible, même sans boycott, pour qu'on sache préciser la représentativité des formations politiques donnant des consignes d'abstention. Un tel brouillage et les spéculations qui s'en sont nourries ont pu constituer un but en soi pour certains partis, parfois échaudés par de précédentes défaites électorales, et soucieux de ne pas avoir à réaliser de trop petits scores.

Quant aux votants potentiels, les principales thèses en vogue leur reprochent un double penchant, alimentaire et ethniciste. Le premier expliquerait qu'après les élections du début des années 1990, qualifiées de « fondatrices » par les politologues, les électeurs potentiels se soient détournés d'une compétition qui n'améliorait pas, ou pas assez vite, leur quotidien de manière significative. Le second penchant manifesterait une «absence relative de solidarité nationale» (Young 1993:305) et, de là, d'incitations à prendre part au vote quand les formations ethniques n'y voient pas d'enjeu direct. Quand néanmoins les gens votent, et que l'analyse des résultats fait ressortir le poids du vote communautaire (Degboe 1995, Hamza 1995), la dénonciation épouse deux variantes. L'une, déplorant la «persistance» de l'ethnicité, la perçoit comme un anachronisme incompatible avec la construction de démocraties modernes, en d'autres termes une tare des peuples (Zinzindohoué 1998). L'autre s'efforce de comprendre le vote ethnique ou de terroir comme la «conséquence» logique d'un multipartisme monocorde, quand la plupart des partis politiques, échouant à se distinguer sur des bases programmatiques, s'identifient plus sûrement à la figure, au nom ou à la généalogie de leurs chefs (Tine 1997).

Il est vrai que l'époque ne se prête guère à des agendas économiques alternatifs. Nous avons déjà signalé que la marche conquérante de l'orthodoxie libérale, l'ajustement structurel, la liquidation, voire la privatisation de l'État entravaient sérieusement la démocratisation des systèmes politiques ouest-africains: entre qui choisir, quand les agendas économiques se ressemblent?

Le rouleau compresseur du libéralisme ne saurait toutefois faire conclure à l'indistinction ni à l'inutilité des partis politiques, *a fortiori* justifier les discours populistes dénonçant leur soi-disant «confiscation» de la démocratie (Guèye 1995). S'il est raisonnable d'admettre que la démocratie ne se réduit pas à une simple affaire de partis, encore convient-il de nuancer les perceptions négatives de l'activité partisane. La compétition électorale, ne serait-ce que cela, impose aux partis politiques une vigilance constante à l'égard des règles mêmes de cette compétition. Elle les érige donc, objectivement, en cadres de résistance à d'éventuelles remises en cause de certains acquis démocratiques – les acquis, au minimum, qui régulent leur propre affrontement et les concernent directement.

Pour le reste, c'est-à-dire pour la vision des partis relativement à l'espace démocratique, pour leur disponibilité à y admettre d'autres acteurs ou, au contraire, à y défendre une hégémonie, de toute façon douteuse, les analyses, les pratiques et les actes posés varient au cas par cas. Sauf aveuglement ou mauvaise foi, il n'y a pas lieu d'englober tous les partis politiques dans un jugement d'ensemble, quel qu'il soit. De fait, la généralisation la plus acceptable est que la promotion de la démocratie a justement constitué la thématique majeure de l'affrontement partisan au cours des années 1990. Le discours partisan le plus constant a bien été de revendiquer ou de faire valoir, pour soi ou au sein d'alliances, un engagement démocratique supérieur à celui des partis adverses.

Plutôt que d'affirmer sans nuance que les partis politiques n'avaient pas de programmes, il convient au moins de relever que la promotion – au moins verbale – de la démocratie leur tenait lieu de programme partagé. Pour se distinguer, se différencier les uns des autres, les partis politiques ont en fait centré leur affrontement, d'une part sur la «sincérité» ou la crédibilité de leurs engagements démocratiques respectifs, d'autre part et surtout sur leurs aptitudes à promouvoir, étendre ou consolider la démocratie mieux que leurs concurrents.

Les années 1990 ont ainsi été marquées par ce qu'on pourrait appeler une «promotion concurrentielle» de la démocratie. Dans un contexte de multipartisme renaissant, il s'agissait sans doute d'un passage obligé. Il est d'ailleurs probable que les partis politiques ouest-africains continuent pendant des années encore de s'affronter sur le terrain de leurs «compétences» démocratiques respectives. Cela ne préjuge bien sûr pas que les électeurs s'en contentent. Un multipartisme dont l'objet se ramènerait à déterminer qui est «meilleur» démocrate que d'autres serait passablement futile.

La promotion concurrentielle de la démocratie n'invalide pas la critique adressée aux partis politiques relativement aux carences de leur force de proposition économique et sociale, trop souvent évasive. Elle ne saurait, sans danger pour la démocratie elle-même, durablement se substituer à d'autres affrontements programmatiques. Mais elle montre au moins que les choix proposés aux électeurs des années 1990 n'étaient pas totalement dénués d'intérêt ni d'implications collectives. Par conséquent, ce n'est pas à la lumière d'une prétendue indistinction des partis politiques qu'on pourra correctement mesurer la portée et les limites des processus électoraux. La soi-disant incompatibilité entre ethnicité et démocraties modernes ne fournit pas un éclairage plus satisfaisant. Il y a manifestement une relation étroite entre la participation politique et la question nationale, mais ses nouvelles expressions, en situation de multipartisme, doivent être examinées en perspective historique.

Démocratie et question nationale

Les dynamiques politiques de l'ethnicité, leur puissance mobilisatrice et les formes qu'elles revêtent, reflètent assez fidèlement le degré d'ouverture du jeu politique national (Kasfir 1992, Ibrahim 1994, Koné 1998). La départicipation politique, imposée aux indépendances par la mise en place des partis-États, avait précipité une dynamique plutôt défensive:

> Les formations ethniques représentent souvent la force compensatrice la plus significative contre le pouvoir étatique, ainsi que la meilleure défense d'un espace indépendant contre les tendances totalisantes de l'État postcolonial (Ake 1993b:7).

Le réchauffement de la participation aux premiers temps du moment démocratique a partiellement tempéré le sentiment d'exclusion dont pouvaient se sentir victimes des communautés ethniques précédemment marginalisées. Les coalitions démocratiques n'ont pas fait de différence entre communautés ethniques et autres forces collectives ou individuelles. Toutes leurs composantes ont saisi des opportunités égales de contribuer à la transformation des systèmes politiques nationaux.

Les réformes institutionnelles ont du reste traduit cette égalité en droit. Les mécanismes visant à garantir que nul individu ne soit privé de ses droits politiques sur la base d'une quelconque identité collective, ethnique, religieuse ou autre, ont été renforcés. Une partie de l'exclusion a donc disparu. Pour autant, les droits formellement reconnus sont ceux des individus, pas des communautés. Ce qui reste exclu, illégal, c'est le principe même d'une expression politique de l'ethnicité – incluant, au sens large, la question raciale et celle des castes (Ould Saleck 2000, Mbow 2000). Il en découle que l'ethnicité politique continue de se mouvoir dans les marges des systèmes politiques officiels, par exemple avec des partis recrutant manifestement sur des bases ethniques mais déclarés comme nationaux.

Les deux systèmes, l'un officiel, l'autre officiellement prohibé, coexistent dans un rapport d'autonomie toute relative. Leurs interactions, lors du moment démocratique, ont été fortes. Elles renvoyaient, dans une très large mesure, aux inachèvements du moment politique précédent, celui d'une décolonisation non soldée. Pour décrire ces interactions et comprendre leur incidence sur le moment démocratique, il faut en effet se souvenir des inégalités creusées, produites ou entretenues par l'administration coloniale.

La France coloniale, donc, s'était montrée pragmatique. Elle avait de grosses exigences – travail forcé, paiement de l'impôt, conscription – mais ne disposait pas, par elle-même, de moyens disciplinaires suffisants pour les faire respecter. En dépit des stéréotypes convenus sur son «administration directe», schématiquement opposée à l'*Indirect Rule* britannique, elle s'était attachée à puiser, dans l'ensemble colonisé, des rouages coercitifs d'appoint. Sa «politique indigène» induisait ainsi, nécessairement, la production et l'exacerbation de contentieux parmi les peuples colonisés.

Reçus en héritage aux indépendances, ces contentieux n'étaient en rien une maladie honteuse, mais une conséquence de la situation coloniale. Ils n'appelaient ni le voile de pudeur sous lequel on prétendit parfois les enterrer, ni la poursuite des clichés sur les soi-disant «démons ethniques» qui, ne donnant à y voir qu'atavisme et danger, allaient faire les beaux jours de l'africanisme néocolonial et le lit des partis uniques (Ernfors 1993).

Ils appelaient un examen lucide et, de là, des solutions politiques. Faute d'avoir accordé au premier toute l'attention requise, les secondes n'ont pas suivi. En lieu et place, l'expérience des dictatures aura seulement contribué à compliquer le problème, ne serait-ce qu'en rajoutant de nouveaux contentieux aux anciens. Les représentations de ces derniers sont devenues, avec le temps, des reflets de plus en plus déformés des situations initiales mais leur puissance mobilisatrice n'a pas disparu (Adji 1991).

Quels étaient les contentieux à résoudre aux indépendances? La situation la plus fréquente était celle de plusieurs strates de domination superposées.

Bien souvent, les inégalités intra-coloniales s'étaient greffées sur des inégalités précoloniales. Dans cette conjoncture, les groupes historiquement dominants étaient restés peu ou prou les mêmes, de même que les dominés, seule la nature de la domination avait changé. Les «périphéries» des anciens royaumes servirent ainsi de réservoirs de main-d'œuvre à la France, après qu'elles eurent servi — dans un passé dont la brutalité inspirait encore toute la terreur escomptée — de viviers d'esclaves. Quand néanmoins les aristocraties locales se montraient récalcitrantes ou, aussi, quand leur autorité semblait chancelante, l'administration coloniale s'employait alternativement à appuyer ou à faire émerger des pouvoirs rivaux ou dissidents, susceptibles de se montrer plus utiles et coopératifs.

La reconduction, le renversement ou la transformation des stratifications coloniales était à l'indépendance un problème sérieux. Au Sénégal et en Côte d'Ivoire, on s'appliqua à répartir les hautes fonctions administratives et gouvernementales parmi les principaux groupes ethniques, régionaux, religieux ou confrériques, en fonction de leur poids démographique et politique présumé. D'autres concentrèrent plus nettement le pouvoir d'État entre les mains d'une communauté «apparentée» au président en exercice. D'autres encore s'employèrent à marginaliser ou réprimer des groupes perçus, ou construits, comme hostiles. Tous jouèrent d'une manière ou d'une autre avec les rapports inter-ethniques, mais nul ne remit en cause un modèle de construction nationale, l'État-nation, qui niait formellement l'existence des ethnies (Hamani 1997). Il s'est toujours agi d'un double jeu dont les règles tacites disqualifiaient par principe tout projet démocratique.

Les renouvellements heurtés de la classe politique ex-dahoméenne, maintenant béninoise, en fournissent une illustration presque caricaturale. L'indépendance du Dahomey fut acquise par une coalition de trois partis dont les dirigeants, Justin Ahomadegbé, Sourou-Migan Apithy et Hubert Maga, étaient respectivement issus des royaumes d'Abomey (sud-ouest du pays), de Porto-Novo (sud-est) et des chefferies guerrières du Borgou (nord et centre-nord). Les années 1960, ponctuées de blocages institutionnels et de coups d'État militaires, firent circuler — en force — le pouvoir politique entre ces trois pôles ethniques et régionaux. Vingt ans avant l'invention de la Conférence nationale, leurs rivalités conduisirent à une première innovation institutionnelle: en 1970, la classe politique dahoméenne s'entendit à instaurer un Conseil présidentiel tricéphale, qui serait à tour de rôle dirigé, pour deux ans, par chacun des trois ténors de l'indépendance (Toudonou et Kpenonhoun 1997). Hubert Maga commença, fit ses deux ans réglementaires, essuya une première tentative de coup d'État du commandant Kouandété en fin de mandat, passa tout de même le relais à Justin Ahomadegbé, puis le commandant Kérékou prit le pouvoir et suspendit l'expérience. S'appuyant sur l'armée — qui recrutait principalement, depuis la colonisation, parmi les «périphéries» d'antan (Bodin 1999) — le régime de parti unique puisa une relative cohérence idéologique dans sa lutte contre les «féodaux» — euphémisme désignant les héritiers des royaumes anciens.

Le soi-disant clivage nord-sud, dont le spectre resurgit depuis lors à chaque échéance politique majeure, n'a sur ce plan rien de naturel (Bako-Arifari 2000). Il fait peur, certes: aux heures les plus chaudes du moment démocratique, en mars 1991 puis en mars 1996 et encore en mars 2001, à chaque remise en jeu du pouvoir présidentiel, la bipolarisation Kérékou/Soglo a régulièrement fait redouter le pire. Mais elle n'incarnait certainement pas un clivage de type essentialiste, auquel l'origine géographique *et sociale* des protagonistes — Kérékou nordiste et roturier; Soglo fils d'Abomey (de surcroît marié à une fille de Porto-Novo, Rosine Vieyra) — tiendrait lieu de preuve ontologique. La condamnation du parti unique, puis celle des erreurs de Soglo, ont suffisamment fédéré la nation béninoise pour inviter à relativiser, et surtout contextualiser cette notion de clivage. Plutôt que de «naturaliser» la bipolarisation Kérékou/Soglo, ou d'ignorer les peurs qu'elle nourrit, il convient bien de l'interpréter comme un prolongement du moment anticolonial et un point de fixation, sans doute provisoire, de la question nationale.

Au Togo voisin également, mais dans une toute autre configuration, les élites politiques de l'indépendance, évincées par voie de coup d'État, ont refait surface à la faveur du moment démocratique. La Société des Nations au lendemain de la Première Guerre mondiale, et l'ONU au sortir de la deuxième, avaient confié à la France un «mandat», puis une «tutelle» sur la partie orientale de l'ex-Togo allemand.[88] Conservant le nom de Togo, cette partie orientale devint en pratique une colonie française sans en être une juridiquement. Cette ambiguïté poussa la France à cultiver la francophilie des métis dits «germano-togolais» — un terme générique désignant en fait la progéniture, rarement reconnue, laissée dans le pays par l'ensemble des colons mâles européens (allemands, anglais, français...). Elle en fit des cadres administratifs, souvent dotés d'une solide formation universitaire. Les rênes de l'indépendance furent cependant prises par un autre segment, dit «afro-brésilien», de l'élite métisse: il s'agissait des descendants des grandes familles brésiliennes, qui avaient fait fortune dans le commerce triangulaire et formaient désormais une oligarchie commerçante d'un nationalisme intransigeant. La vie politique togolaise fut longtemps rythmée par les rivalités entre ces deux groupes, qui donnèrent au Togo indépendant ses deux premiers présidents, Sylvanus Olympio (afro-brésilien), assassiné en 1963, puis Nicolas Grunitzky (germano-togolais).

Sergent-chef sous Olympio, promu lieutenant-colonel et chef d'état-major sous Grunitzky, dont il était initialement un fervent partisan, Eyadema prit le pouvoir pour lui-même en 1967. Dans son sillage, une nouvelle élite politique, centrée sur les officiers supérieurs, se substitua aux métis. Issue des anciennes «périphéries» — d'origine rurale, principalement du nord du pays — elle préfigurait de quelques années l'éviction des «anciens féodaux» au Bénin. Le retour en force, parmi les opposants radicaux au général Eyadema, des patronymes à consonance européenne n'en est aujourd'hui que plus frappant. Le général Eyadema s'efforce d'y voir une opposition «tribale» du sud, voire une opposition «étrangère». Ses propagandistes s'évertuent à le présenter en dernier rempart d'une patrie agressée (Massina *et al.* 1993; CADV 1993). Mais la réalité est autrement plus prosaïque. Comme l'explique Patrick Lawson, bras droit de Gilchrist Olympio:

> Nous pouvons tenir des positions fermes parce que nous ne dépendons pas, économiquement, d'Eyadema. Les familles métisses, nos familles, avaient accumulé avant lui. Puis il nous a poussés à l'exil. Une conséquence logique de l'exil, c'est d'avoir diversifié nos affaires à l'extérieur. Quand vous êtes dans l'administration, ou même dans le privé mais au pays, vous avez toujours peur que Eyadema vous jette à la rue ou vous prenne votre argent. Ça n'a rien à voir avec le fait d'être du nord ou du sud. Il vous fait peur, vous ne l'aimez pas, mais vous ne pouvez pas vous mettre en première ligne. Nous, nous pouvons et c'est ça qui fait notre popularité.[89]

Togolais et béninois, ces deux exemples montrent bien, par-delà les différences de situation, la vigueur des liens qui unissent les brouillages coloniaux de l'ethnicité, la montée sous-régionale des dictatures et la dimension nationale de l'enjeu démocratique.

Du reste, les brouillages de l'ethnicité n'étaient pas seulement le fruit des intérêts bien compris de la puissance coloniale, ni des représentations que pouvait s'en faire son administration. Ils procédaient parfois de sympathies plus subjectives, telles celles qu'entretenait l'ethnographie de l'époque pour les sociétés nomades des franges sahariennes (Clauzel 1992). Mais le sort, au demeurant contrasté, de ces sociétés aux indépendances allait se répercuter de manière comparable sur la vie politique. L'inversion au Mali et au Niger des rapports de domination naguère favorables aux Touaregs, tout comme en Mauritanie le renforcement de la domination *beydane*, ont contribué à militariser les affrontements politiques au Sahel.

Au regard de l'expérience coloniale et de ses divers avatars, néo- ou post-coloniaux — peu importent en l'occurrence les préfixes — le moment démocratique s'est en tout cas imposé, et aurait bien pu être poursuivi, comme un moment privilégié de construction nationale (Diabaté 1991). Ce fut pour certains une surprise, mais les nations existaient — elles manifestaient bruyamment leur volonté de poursuivre une existence commune. Seul, mais important, bémol: l'État-nation officiel n'avait pas le monopole de l'identité politique (Villalon 1995, Villasante de Beauvais 1998). Entre les composantes de la nation, ou plutôt ses «fragments» selon la juste expression de Chatterjee (1993), il s'agissait de réorganiser les termes d'une coexistence équitable et paisible. Il fallait bien entendu y mettre des formes institutionnelles. Mais la question n'était certainement pas de savoir si ces formes favoriseraient «trop» ou «pas assez» les solidarités dites primordiales. Elle était, sur ce point précis, de réguler leur expression et leurs rapports mutuels et à l'État.

Au-delà de la question nationale, qui n'était pas l'alpha et l'oméga du moment démocratique, il s'agissait d'arbitrer et d'organiser la poursuite de projets disparates — économiques, sociaux, culturels... — en fonction de leur compatibilité avec la production collective de systèmes politiques légitimes. Pour y parvenir, il s'agissait aussi d'entendre la forte exigence morale des peuples, unificatrice par excellence: le pouvoir ancien était vu comme «sale», corrompu et corrupteur, fourmillant de débauche et de trahisons — il fallait lui restituer une autorité dépourvue d'autoritarisme, le rendre à nouveau «propre», respectable (Niane *et al.* 1991, Osaghae 1995b, Koffi 1999).

La dynamique institutionnelle

Cette dynamique recouvre l'élaboration de nouvelles constitutions, un foisonnement d'instances de déconcentration ou de contrôle du pouvoir politique et, dans un sens plus large, l'énorme production juridique qui s'essaya à fixer les règles d'un pluralisme retrouvé.

Chacun à son tour, tous les régimes contestés se dotèrent de constitutions théoriquement irréprochables, sacrifiant aux meilleures normes internationales en vigueur (Sindjoun 1995). On s'efforça de réhabiliter les Assemblées nationales (Mahamadou 1997, *Société et Éducation* 1995), jusque-là mieux connues comme «chambres d'applaudissement» ou «chambres d'enregistrement».[90] On s'offrit parfois un Sénat (Kiemdé 1992, Sy 1999). On nomma à nouveau des Premiers ministres, réchauffant ainsi le bicéphalisme exécutif prévu par les constitutions de l'indépendance d'inspiration «métropolitaine», et qu'on avait entre-temps liquidé au nom d'un «culturalisme» bon marché (Asso 1976, Médard 1993, Hesseling 1996).[91] On se donna des Conseils économiques et sociaux (Kourouma 1994; Sidibé et Kester 1994). Pour réconcilier les administrés avec la fonction publique, appendice plus ou moins arrogant des partis uniques ou hégémoniques, on créa des médiatures (Juripole de Lorraine 1995, RCGD 1996). On parla beaucoup de décentralisation, on s'y essaya parfois (Wunsch et Olowu 1990, Hofmeister et Scholz 1997, Crook et Manor 1998). Plus que tout, on débattit des systèmes électoraux, des modes de scrutin et des mérites respectifs des Commissions électorales nationales indépendantes, CENI, ou autonomes, CENA (Fondation Friedrich Ebert *et al.* 1996).

Le respect pratique de l'esprit des textes n'était toutefois pas garanti, leur stabilité non plus. Le Sénat sénégalais, par exemple, devait en théorie élargir la participation politique au-delà des partis, en associant de plein droit diverses «catégories socio-professionnelles» (émigrés, terroirs villageois, paysans, pêcheurs...) à la marche institutionnelle du pays. Il fournit plutôt des strapontins légalement rémunérés à une catégorie particulière de cadres du parti-État, sévèrement touchés par sa crise financière, et qui menaçaient alors de quitter son giron.[92] Au Sénégal encore, au Burkina Faso aussi, on s'accorda un temps, sous la pression d'oppositions conquérantes, à limiter la durée maximale au pouvoir de tout président — puis les présidents en exercice s'autorisèrent à nouveau à briguer autant de mandats que bon leur semblerait (Sall 1998, IDEA 1998:65-68). Quant au contrôle des élections, il n'était au Niger ou au Togo ni pire ni meilleur qu'ailleurs: IBM et Eyadema choisirent simplement de le suspendre pour proclamer les résultats que l'on sait.

Faudrait-il tenir les nouvelles architectures institutionnelles pour l'aboutissement suprême de transitions dites démocratiques, ou pour leur perversion ultime? Elles n'appellent ni tant d'honneur ni tant d'infamie, pour peu qu'on s'attache à leurs conditions d'émergence et d'élaboration. Le souci constitutionnel, en particulier, ne saurait être pris à la légère. Il répondait à une longue et quotidienne expérience de l'arbitraire, commune à toute la sous-région.

Le Niger, le Togo, le Bénin avaient à un moment donné fonctionné sans constitution. De 1978 à 1980, la Mauritanie en avait changé quatre fois. Entre ces deux extrêmes apparents, naviguaient tous les pays de la sous-région. Absentes ou changeantes, les lois reflétaient au mieux les humeurs du parti-État, ses inquiétudes et ses calculs (Kanté 1989, Kaba 1991). Les appels des juristes à l'établissement d'un État de droit, comme condition préalable à toute démocratie, étaient jugés subversifs à la fin des années 1980 (Boye 1988, Gally 1990). Les référendums constitutionnels sont venus confirmer qu'il s'agissait là d'une préoccupation fortement partagée.

Les organes de contrôle issus du moment démocratique étaient eux aussi, *a priori*, de remarquables conquêtes. Sous diverses dénominations, et avec des compétences variant d'un pays à l'autre, les trois plus importants dans la sous-région ont été les Cours constitutionnelles, les Hauts Conseils de l'Audiovisuel et les Commissions électorales. Ils touchaient à des enjeux importants, non seulement du moment démocratique, mais encore de ses lendemains immédiats: la soumission ou non des gouvernants à l'État de droit, l'accès aux médias publics, la pacification des élections.

Mais ces enjeux n'ont pas été traités partout avec le même bonheur. Le Bénin, à nouveau, aura été le premier pays de la sous-région à se doter d'une télévision d'État digne de ce nom, offrant un service public rétif, par principe, à toute immixtion partisane[93]. À l'échelle de la sous-région, c'est encore au Bénin qu'a commencé à fonctionner la première Cour constitutionnelle manifestement indépendante du pouvoir exécutif... quitte à apparaître hostile au président Soglo en proclamant, en 1996, le retour électoral de son challenger Kérékou. Le président sortant, candidat malheureux à sa propre succession, multipliait alors les pressions sur les juges, agitant même le spectre d'une guerre civile s'il n'était pas réélu, mais il n'a finalement essuyé qu'un communiqué cinglant (Cour constitutionnelle 1996). Aucun autre chef d'État ouest-africain n'a eu besoin d'apprendre que le travail et le pouvoir réel des organes de contrôle dépendaient avant tout des modalités de nomination à ces organes: partout, sauf au Bénin, ces modalités sont restées circonscrites par les présidents en exercice.

Les régimes présidentiels, qui semblaient à un moment prêts à se dissoudre dans un renouveau parlementaire, ont remarquablement résisté (Ayeni 1993, Stepan et Skach 1993, Le Roy 1993). Là est la limite la plus nette de la dynamique institutionnelle. Elle tient à deux circonstances précises du moment démocratique: d'une part, la permanence d'une conception extrêmement centralisée du pouvoir, s'incarnant dans un individu; d'autre part, la capacité variable des forces démocratiques à formaliser leurs attentes dans un langage juridique universellement intelligible.

Au sortir de dictatures fortement centralisées, ou dans la tentative de les réformer, l'attention du moment démocratique s'est de manière compréhensible polarisée sur le sort d'un petit nombre de personnes. Il y avait en premier lieu les présidents en exercice, responsables suprêmes des partis-États. Il y avait ensuite, aspirant à les remplacer, les ténors de l'opposition — se livrant au besoin de sourdes batailles pour prendre le leadership de la contestation (Agboyibo 1999). Ce leadership était habituellement fluide et officieux mais l'on revendiqua parfois, au Sénégal par exemple, de constitutionnaliser un statut, au moins protocolaire, de chef de l'opposition.

Même les groupes activistes du mouvement associatif, démocrates déclarés, auront plus souvent obéi aux décisions de leurs secrétaires exécutifs qu'à celles d'Assemblées générales statutairement souveraines. Une anecdote sénégalaise, rapportée par le directeur de l'UFR (Unité de formation et de recherche) de sciences juridiques et politiques de l'Université Gaston Berger de Saint-Louis, résume bien la force d'évidence du pouvoir centralisé, jusque parmi les jeunes contestaires des années 1990:

> Sur le parking, les étudiants ont brûlé une série de voitures. La mienne a brûlé, comment dire... indistinctement, parmi d'autres. Ils étaient fâchés contre les propriétaires de voitures en général. Mais au moment de préciser les choses, de parler, de revendiquer, ils n'en avaient plus que pour le recteur. Ils ont assailli son bureau, ils l'ont cassé, mais nous par exemple, les directeurs d'UFR, ils nous ont laissés tranquilles. Ils ne se souciaient plus que du recteur. L'institution, le pouvoir, c'était lui et personne d'autre. Cette conception du pouvoir centralisé reste très forte chez les étudiants.[94]

On peut émettre l'hypothèse qu'une telle conception a contribué à réduire la participation politique des femmes. Cette participation était initialement massive, autrement dit anonyme. La force politique des femmes s'exprimait en effet par leur nombre, dans les marches de protestation et les grandes manifestations, plus qu'elle ne s'incarnait dans des figures féminines individuelles (Konaré 1991). Il s'agissait là encore d'un trait commun avec les heures chaudes du combat nationaliste et, plus largement, avec la contestation de l'autoritarisme colonial (Diabaté 1975, d'Almeida-Ekué 1992, Ayélé-Kponton 1994).

Ce type de participation, massive et anonyme, est toujours opportun quand le jeu politique établi est bloqué, quand ses règles sont en crise. Avec la réforme des institutions et le retour à un jeu politique formellement acceptable, il perd, sinon sa raison d'être, du moins de sa vigueur. L'individualisation des positions de pouvoir – inhérente à la démocratie représentative – a restauré une emprise masculine sur la compétition politique: ceux qui aspirent à gouverner sont presque toujours des hommes (Barry 1993). Quelques politiciennes ont bien sûr émergé à la faveur du moment démocratique, mais en trop petit nombre pour remettre en cause le stéréotype faisant voir les hommes comme les «acteurs naturels de la démocratie représentative» (Rai 1994:221, Adjamagbo-Johnson 1997, GF2D 1997).

En termes de gains collectifs, de nombreuses associations de femmes urbaines et lettrées ont su trouver dans les médias un relais pour leur dénonciation des préjugés et discriminations sexistes (Sylva 2001, Djibo 2001). Mais leur nouvelle visibilité ne s'est pas répercutée sur la majorité des femmes ouest-africaines, à commencer par les femmes rurales, dont la condition sociale a pratiquement disparu du discours politique des élites (Fall 1997).

Même présidées par des hommes, les Conférences nationales avaient pourtant montré, par l'exemple, que ni l'exclusion sélective d'une catégorie sociale, ni la concentration excessive des pouvoirs n'était une fatalité ou une obligation. Leurs présidiums, et même les présidents des commissions, auront surtout joué un rôle d'allocation de la parole, mais pas de décision par eux-mêmes. Quelques années de recul suffisent à vérifier que c'était bien là, pour en revenir à Eboussi Boulaga, leur dimension «festive»: une parenthèse dans le cours des choses.

L'engineering au sommet

La fabrique institutionnelle — l'élaboration de nouvelles règles du jeu — était une belle occasion de redistribuer les pouvoirs et contre-pouvoirs, pour enfin tourner la page d'une concentration excessive. Il y avait sans doute plusieurs manières de s'y essayer. Les deux modèles extrêmes étaient celui de John Rawls — élaborer pour la société les meilleures règles possibles sans savoir si on se trouvera soi-même en position de gouvernant ou de gouverné (Rawls 1971) — et du grand vizir Iznogoud — «Je veux devenir calife à la place du calife».[95] Les calculs du dernier l'ont sensiblement emporté, car la fabrique institutionnelle fut toujours un site stratégique.

Ainsi, l'enjeu pratique des règles d'éligibilité ou de rééligibilité fut plus nettement de disqualifier des adversaires potentiels que de préciser les qualités nécessaires à la conduite d'une nation démocratique. La vogue des gouvernements associant opposants et majorité présumée ne s'est nulle part appuyée sur des programmes communs, mais sur «une logique de neutralisation et de réduction de la capacité de nuisance de certaines familles ou leaders politiques» (Kanté 1996:32, CERDET 1991).

Cette vogue, passagère, était d'ailleurs un avatar de circonstance d'un phénomène plus constant: la transhumance politique, autrement dit le passage plus ou moins élégamment négocié, et toujours réversible, d'un parti à un autre au gré des opportunités. L'aisance avec laquelle des cadres, des militants ou de simples sympathisants d'un parti en difficulté prennent la carte d'un parti momentanément dominant invite à repenser la notion d'identité partisane.

Si les partis se définissent, comme le veulent d'ordinaire les politologues, par une ligne idéologique plus ou moins stable, alors, incontestablement, les transhumants sont des gens versatiles. En revanche, si l'on définit plutôt les partis par leur «localisation» dans des configurations de pouvoir, au gouvernement ou dans l'opposition, on doit reconnaître aux transhumants une réelle opiniâtreté: ils n'épousent pas une ligne plutôt qu'une autre mais une position constante au sein de configurations changeantes. Cette position se caractérise par la proximité, la plus étroite possible, avec tout titulaire du fauteuil présidentiel. Implicitement, ils remplissent ainsi une fonction de grands commis, non de l'État, mais du pouvoir exécutif.

Ceci n'est pas tout à fait saugrenu quand les lignes partisanes sont floues. Dans un contexte historiquement marqué par la confusion entre l'État, théoriquement républicain — *res publica*, chose commune — et son chef ou son parti, le phénomène de transhumance est rarement désavoué par la base électorale des transhumants. Des transhumants toujours proches du pouvoir paraissent mieux à même d'entretenir une clientèle politique que de distants trublions. Mais bien sûr, les ralliements pré- ou post-électoraux ne contribuent ni à l'autorité de la représentation partisane ni à sa transparence, encore moins à sa moralisation.

L'élaboration des systèmes électoraux non plus n'a pas franchement suivi le modèle de Rawls. Elle soulevait pourtant des questions importantes. Aux législatives par exemple, vaudrait-il mieux un scrutin majoritaire, qui réduit le nombre de formations siégeant à l'Assemblée, ou un scrutin proportionnel, plus favorable aux «petits» partis? Avec quels modes de calculs pour l'attribution des sièges? Des listes nationales, compétissant pour le contrôle de l'État central, ou des députations locales centrées sur les enjeux de proximité? Dans quels pourcentages? Avec ou sans panachage? Avec quelles circonscriptions, découpées par qui et de quelle manière? Avec combien de tours, un ou deux? Et *quid* des candidatures indépendantes? Des réponses à ces questions, dépendant la représentation des forces démocratiques, le poids relatif de la nation et des terroirs, la stabilité des gouvernements et leur capacité à gouverner (Alao 1994).

Mais les modes de scrutin influent aussi sur le score des partis au pouvoir, et ce critère prévaut régulièrement. En 1992, le système majoritaire retenu au Mali accordait à l'ADEMA une majorité écrasante, quand un système proportionnel l'aurait obligé à former un gouvernement de coalition (Vengroff 1994). La même année, le parti de Blaise Compaoré remportait 73% des sièges à pourvoir au Burkina Faso avec seulement 48% des voix (IDEA 1998:123-31).

Le nœud gordien du moment démocratique s'est situé dans l'accaparement de l'élaboration des règles du droit, applicable à tous, par une catégorie de citoyens aspirant au pouvoir pour eux-mêmes ou pour leurs têtes de file. Prééminente aux étages supérieurs de la scène partisane, une corporation émergente d'«ingénieurs» de la démocratie a collectivement réussi une sorte d'Offre publique d'achat (OPA), pour emprunter une métaphore au marché) sur le moment démocratique.

Elle l'a fait avec la bénédiction des Conférences nationales. Celles-ci avaient réparti les missions et les profils. Elles avaient placé des technocrates à la tête des gouvernements de transition et reversé les politiciens parmi les Hauts conseils de la République, charge à eux de s'entendre sur les règles de leurs prochaines compétitions.

Certes, avec ou sans Conférence nationale, l'élaboration des réformes n'a jamais été l'œuvre exclusive d'universitaires ou de politiciens — même si ces deux groupes, au demeurant imbriqués, dominèrent la rédaction des textes. Hauts fonctionnaires, chefs religieux, entrepreneurs économiques, syndicalistes: d'autres y ont contribué, ne serait-ce qu'en prenant des positions publiques sur les réformes en cours, de manière à infléchir les dispositions finales.

Toutefois, l'important était de pouvoir se prévaloir d'une voix autorisée, ce qui nécessitait des ressources inégalement réparties parmi les sociétés ouest-africaines. Il fallait pouvoir s'exprimer, non seulement en français, langue officielle des États, mais dans le langage même de l'État postcolonial (Diaw 1992). La maîtrise formelle des codes, des tournures et des référents convenus a toujours fait la différence.

Le rétrécissement du débat démocratique a paradoxalement emprunté les voies de la nouvelle presse privée. Celle-ci était animée d'intentions généreuses en ouvrant ses colonnes à de multiples contributions extérieures. Elle ne pouvait cependant faire émerger d'autres «experts», d'autres «ingénieurs» de la démocratie, que depuis son propre lectorat, massivement urbain et francophone.[96] De fait, elle redevint le moyen d'expression privilégié d'une intelligentsia soucieuse d'auto affirmation, après avoir été celui des «évolués» pendant la décolonisation (Codo 1978).

Ainsi, ceux qu'on appelle au Sahel les «arabisants», formés en arabe dans les pays arabes, et qui articulent dans cette langue un discours radical contre l'État postcolonial, n'eurent guère voix au chapitre (Otayek 1993). À l'inverse, les mouvements confrériques, les églises et certains cultes traditionnels, à l'instar du vodun au Bénin, disposaient de suffisamment de lettrés francophones, et de lettrés historiquement rompus à la fréquentation du pouvoir colonial puis de ses avatars, pour formuler leurs positions dans un langage recevable. Les mouvements paysans, quant à eux, échouèrent à imposer leurs propres intellectuels organiques. Ils parurent, de ce fait, «exagérément catégoriels» (Musangi et Thiam 1997:1). Le traitement qu'on leur réserva dans la presse privée valut à cet égard pour une disqualification sans appel:

> La société paysanne n'est pas totalement absente des journaux urbains mais ses apparitions revêtent généralement l'habit du pittoresque ou du ridicule. Elle n'apparaît quasiment jamais à la rubrique «Politique», mais plutôt en «Faits divers». Au mieux on en fait des idiots avec masques et plumes d'oiseaux, s'attaquant aux villages voisins quand il pleut trop ou pas assez, applaudissant benoîtement tout candidat électoral en tournée pour peu qu'il livre une cargaison de riz ou de tôles ondulées. Au pire on en fait des éléments dangereux, repliés sur des micro-identités antinomiques de la démocratie.
>
> Qu'ils s'avisent de voter contre les candidats de l'intelligentsia urbaine, et ils le font souvent, on en déduit à mots plus ou moins voilés que le droit de vote devrait leur être retiré. Par bonté, on se garde de le leur signifier trop vertement. Mais se construit néanmoins une opinion (urbaine) dominante, voulant que la démocratie doive nécessairement s'imposer, en exagérant à peine, par la chicotte pour le plus grand nombre (Musangi et Thiam 1997:74-75).

Un lecteur de *Sud Quotidien* au Sénégal notait pour sa part qu'il y avait désormais, dans nos pays, trois saisons politiques:

> On a parlé pour l'Afrique de printemps de la démocratie mais le printemps n'a jamais été une saison africaine. On aurait mieux fait de parler de saison sèche des dictatures. En tout cas il y a maintenant trois saisons et ce sont toujours des saisons politiques: avant les élections, pendant les élections, après les élections (Gomis 1994:1).

Rétrospectivement, on constate que les coalitions initiales du moment démocratique se sont laissées gagner par une division du travail. Une division d'ailleurs conforme à la conceptualisation dominante en termes de transitions. Aux gens ordinaires, sans qualification particulière, est revenue la tâche concrète d'empêcher les gouvernants de gouverner. À d'autres mieux formés, incombait la responsabilité d'élaborer de nouvelles architectures institutionnelles. À d'autres encore, du moins en théorie, devait alors revenir la charge de compétir pour réaliser – ou manquer – l'alternance électorale.

C'étaient bien là les séquences centrales envisagées par *Africa Demos* – *Mobilization, Formulation, Handover*. Sauf que les séquences finales, la légitimation et la consolidation des institutions démocratiques ne pouvaient mécaniquement émerger d'un schéma aveugle à la recomposition d'un pouvoir «ancienne manière», centralisé et personnalisé à l'extrême. Les professions de foi démocratiques se sont inscrites, pour beaucoup, dans des stratégies de conquête ou de reconquête de ce pouvoir-là.

Les textes ne valent que par ce qu'on en fait. Même au Niger, où la gestion calamiteuse des crises institutionnelles fit accuser les juristes de tous les maux, on se rend finalement compte que:

> Les textes n'étaient pas mauvais et mal confectionnés au point d'entraîner un blocage du fonctionnement normal des institutions (...). Les difficultés connues et vécues sous la troisième République sont, en grande partie, liées aux comportements politiques des principaux acteurs qui animaient alors les rouages de l'État (Niandou Souley 1999:433).

À comparer le profil des élites politiques (présidents, ministres, directeurs de cabinet, dirigeants des sociétés publiques non encore privatisées) avant et après le moment démocratique, on réalise que leur composition sociologique n'a pas fondamentalement changé. Certes, il semble que les universitaires et les professions libérales «succèdent» à présent, à l'échelle sous-régionale, aux officiers supérieurs, aux instituteurs et aux administrateurs civils (Glickman 1992). Mais par-delà cette grande tendance:

> La question qui se pose est bien de savoir s'il peut y avoir une démocratisation sans émergence d'une nouvelle élite politique démocratique, socialisée selon des valeurs spécifiques, ou bien si une telle entreprise peut aboutir à un résultat significatif grâce à un simple «recyclage» des élites préexistantes qui sont pétries de la conception d'un État postcolonial autoritaire et méfiant à l'égard de tout élargissement de la participation politique (Quantin 1994:1).

Occasionnellement, la composition sociologique des élites a même rétréci. Au Bénin par exemple, les députés-paysans de l'époque Kérékou 1 ont disparu (Bierschenk 1994:3). Il ne suffira de toute façon pas de faire élire des paysans, des ménagères ou des apprentis à l'Assemblée nationale, comme en Guinée, au Mali ou plus récemment au Sénégal, pour leur faire «représenter» des catégories sociales structurellement marginalisées, *a fortiori* défendre ou promouvoir leurs intérêts. Les élu(e)s, et parmi elles ou eux les ministres «jeunes» ou «femmes» dont s'enorgueillissent aujourd'hui la plupart des régimes ouest-africains, continuent de devoir leurs mandats électifs ou leurs nominations, soit à une carrière partisane, soit au bon vouloir des chefs d'État. Lesquels demeurent, autre signe de continuité, des chefs de parti.

Le formalisme des réformes dites démocratiques ne signifie pourtant ni la réussite ni l'échec des transitions du même nom. Il signale une cristallisation provisoire des rapports sociaux internes aux coalitions du dernier moment politique sous-régional, où les mieux dotés en ressources «linguistiques», parlant et le français et le «langage» de l'État postcolonial, surent prendre l'ascendant dans la phase — cruciale — de définition des réformes.

La dispersion du politique

Nonobstant la fermeture ou refermeture des étages supérieurs de l'État, le moment démocratique a sensiblement transformé la sous-région et ses sociétés. La politique politicienne, entendue sans connotation péjorative comme la compétition pour l'accès aux dits étages supérieurs, est retournée sous l'emprise d'un petit nombre de professionnels. Mais elle est plus nettement devenue, pour un plus grand nombre de groupes organisés, une ressource *du* politique, celui-ci étant compris comme le jeu d'alliances et de compromis par lequel divers acteurs collectifs infléchissent l'action d'autres acteurs.

Trois interviews présentées en annexes à cet essai permettront de voir qu'on entre en politique politicienne, qu'on en sort et qu'on parvient à s'y mouvoir plus aisément qu'avant. La première porte sur un parti touareg au Niger, c'est-à-dire un parti défendant prioritairement les intérêts de la communauté touareg et recrutant principalement dans cette communauté. Ce parti, l'Union pour la démocratie et le progrès social (UDPS/Amana), a d'abord été membre de la coalition ayant porté Mahamane Ousmane à la présidence, avant de s'allier à son tombeur Ibrahim Baré Maïnassara. Un militant expose la logique d'un itinéraire déterminé par le primat d'intérêts communautaires.

La seconde interview est celle d'un dirigeant du Parti communiste du Bénin, dénonçant en son temps la Conférence nationale comme une «assemblée de bourgeois» destinée à empêcher une insurrection populaire, puis se rapprochant de Nicéphore Soglo, peu suspect de sympathies communistes, sans pour autant renoncer aux fondements idéologiques et programmatiques du parti: ce furent ici l'opposition à la violence du système Kérékou et à sa corruption, ainsi que le patriotisme (à défaut d'anti-impérialisme) du président Soglo, dans ses rapports avec la France, qui conduisirent à une alliance.

Hors du champ partisan proprement dit, la troisième interview revient sur la formation d'une centrale syndicale autonome au Togo, née du mouvement démocratique. Cette centrale, l'Union des syndicats autonomes du Togo (UNSIT), s'est d'abord concentrée sur l'instauration du pluralisme syndical, puis s'est rapidement trouvée en grève sans avoir eu l'occasion de développer une pratique en la matière: son apprentissage de l'organisation et des méthodes syndicales reste en cours, mais de manière indissociablement liée, dans le contexte togolais, à un engagement politique dans l'opposition.

Il s'agit à chaque fois de cas particuliers, dont on ne saurait tirer de loi générale permettant de prévoir, par exemple, la portée des alliances tantôt avec les partis au pouvoir, tantôt contre eux, sur ces partis eux-mêmes et sur leurs pratiques. Pour autant, la diversité des situations nationales, et plus encore leurs équilibres précaires, c'est-à-dire, au fond, l'indécision persistante des systèmes politiques contemporains, manifestent bien plus qu'une simple fluidité conjoncturelle. Elles relèvent aussi, plus structurellement, de la «langue politique» de la sous-région.

Par structure, linguistes et philosophes désignent *grosso modo* un ensemble cohérent et relativement stable, formé par des phénomènes solidaires et par leurs relations d'interdépendance. Le moment démocratique permet de relever trois phénomènes constitutifs d'une telle structure.

Primo: l'extrême banalité du fait politique en Afrique de l'Ouest «francophone». Par-delà l'expérience des dictatures, la résistance, résilience ou permanence du fait politique ne s'est déployée ni dans un vide social ni dans un espace public uniforme (échec des anciens projets de totalisation) mais dans le recouvrement partiel de multiples espaces feuilletés. Ces espaces, allant de la famille ou du voisinage à divers terroirs, sont eux-mêmes des espaces publics ou politiques, en ceci qu'y prévaut le souci de maintien ou de reproduction sur les risques d'éclatement.

Secundo: l'extrême dissémination du fait politique parmi les sociétés de la sous-région. Le fait politique commence dans la famille, quand frères et sœurs nouent des alliances susceptibles d'influer sur les décisions parentales, il se poursuit dans le voisinage par la pression des réseaux de droits et d'obligations réciproques, il se manifeste dans toutes les sphères de la vie en société dès lors que prime une force collective de conviction plutôt que la violence physique.

Tertio: la mobilisation de ressources hétérogènes. Dans ces espaces feuilletés, objectivement interdépendants, les sociétés ouest-africaines mobilisent de manière fragmentaire des moyens ou des «capitaux politiques» différents: ressources matérielles, prestige, entrées dans l'administration, savoirs religieux, etc.[97]

Banalité, dissémination, hétérogénéité des capitaux politiques: la dynamique des relations entre ces trois phénomènes solidaires préside aux alliances, à leur dispersion et à la recomposition des espaces publics. Toute modification du capital politique mobilisable dans l'un quelconque de ces espaces se répercute de proche en proche sur tous les autres et, donc, sur leur agencement d'ensemble.

Or le moment démocratique a localement renouvelé les capitaux mobilisables. Certaines forces sociales, par exemple l'Église catholique au Bénin, ont ainsi «augmenté» leur capital politique. D'autres groupes ont au contraire vu le leur s'effondrer. C'est le cas notamment des «communautés étrangères» qui constituaient naguère une masse électorale acquise aux partis-États de leurs pays d'accueil[98] et qui, désormais, se retrouvent brutalement marginalisées.

L'invention désastreuse de l'«ivoirité» est bien un sous-produit du moment démocratique. Elle n'est pas seulement imputable à l'opportunisme ni aux visions xénophobes d'Henri Konan Bédié, dauphin constitutionnel de feu Houphouët-Boigny, lorsqu'il cherchait à écarter une fois pour toutes son rival Alassane Ouattara. L'empressement fiscaliste de ce dernier, du temps où il était Premier ministre, a également joué: en s'attachant à recenser les étrangers pour les soumettre au paiement d'une taxe et renflouer les caisses de l'État, Alassane Ouattara aura lui-même contribué à jeter la suspicion sur l'ensemble des Ivoiriens musulmans ou des régions septentrionales. Mais dès la présidentielle de 1990, les signes avant-coureurs de l'«eugénisme politique» ivoirien (Bakary 1999:129) étaient bien les protestations de l'opposition politique, l'actuel président Laurent Gbagbo alors en tête, s'émouvant de ce que les «étrangers» votent principalement pour le pouvoir en place.[99]

L'opposition politique sénégalaise dénonçait elle aussi, avant l'alternance de mars 2000, les facilités accordées au vote des étrangers en faveur du pouvoir d'Abdou Diouf. Le pas à ne pas franchir, mais qui, en Côte d'Ivoire, fut franchi, était de prolonger cette légitime défiance au-delà des conjonctures.

Le «nationalisme économique» qui tend à s'intensifier contre les communautés libanaises installées en Afrique de l'Ouest — bien qu'elles aient dans l'ensemble acquis la nationalité de leurs pays d'accueil — s'inscrit dans une dynamique comparable[100]. Il est toujours question de stigmatiser des communautés perçues, à tort ou à raison, comme des suppôts des dictatures, sans sérier les raisons qui les firent s'allier à des protecteurs aujourd'hui déchus ou en déclin (Bigo 1992). Ces raisons, allant de la conscience d'une évidente vulnérabilité en terre «étrangère», aussi hospitalière soit-elle, à l'opportunisme le plus sec, n'intéressent guère. Bien au contraire:

> La réhabilitation des élections comme procédure de dévolution d'un pouvoir effectif (...) a nourri le mythe de l'autochtonie en rendant cruciales des questions comme «Qui peut voter où?», et plus encore «Qui peut se porter candidat? Et où?» Tel est précisément l'argumentaire utilisé par les tenants de l'«ivoirité» pour légitimer l'exclusion des «étrangers» du jeu électoral: ce qui était tolérable en régime de parti unique — leur rôle de banques de votes au service d'Houphouët-Boigny — ne l'est plus dans un contexte de multipartisme (Bayart *et al.* 2001:182).

Il ne fait guère de doute que l'hétérogénéité des «capitaux politiques», variablement transformés, renforcés ou réduits lors du moment démocratique, continuera durablement de se répercuter sur les idiomes de la politique (les imaginaires et valeurs qu'elle mobilise), ses registres (les plans sur lesquels elle s'exprime: juridisme, syndicalisme, ethnicité...) et surtout ses formes, plus ou moins violentes ou policées.

Rien n'indique cependant que l'issue des luttes démocratiques encore en cours, ni celle des luttes à venir, se jouera prioritairement au sommet des États nationaux. Régulée pendant une période, sinon suspendue, par le moment démocratique, la compétition de tous contre tous, pour tout et n'importe quoi (survie, accumulation, plaisirs…) et par tous les moyens (la ruse, l'extorsion, la force…) a en effet repris de plus belle. Sa virulence croissante traverse la sous-région de part en part et brouille les échelles.

La répartition interne de la violence parmi les forces sociales organisées, non seulement entre elles mais au sein même de chacune d'elles (les partis politiques, les terroirs ethniques ou régionaux, un secteur associatif proliférant…) sera, à l'avenir, plus déterminante que jamais. La résolution négociée des conflits domestiques est à la fois un enjeu démocratique et une condition nécessaire à toute dynamique de participation aux échelles supérieures, nationale, sous-régionale et au-delà. La démocratie commence ou devrait commencer «à la maison» (Dieng 1992, Séhouéto 1997). C'est peu dire qu'à cette échelle-ci, pourtant fondamentale, elle reste souvent à établir.

5

Conclusion. D'hier à demain

> Les Conférences nationales, c'est de l'Antiquité.
>
> Expédit K.,
> élève à Lomé, 1998

> La diversité des témoignages historiques est presque infinie. Tout ce que l'homme dit ou écrit, tout ce qu'il fabrique, tout ce qu'il touche peut et doit renseigner sur lui.
>
> Marc Bloch,
> *Apologie pour l'histoire, ou Métier d'historien*, 1949

Le consentement à la pluralité des intérêts, des opinions et des croyances est un acquis fondamental du moment démocratique, au regard des anciens projets de totalisation de la société et de leur conduite autoritaire[101]. À ce consentement, continue cependant de manquer une traduction «par le haut», dans des systèmes politiques qui auraient une légitimité et une autorité suffisantes pour faire accepter et respecter l'arbitrage et la régulation des divergences.

Pendant que se déroulaient les luttes pour prendre contrôle ou possession de l'État, c'est la structure des rapports de l'État à la société qui changeait. La capacité régulatrice de l'État, théoriquement fondée sur son pouvoir d'intervention, diminuait de jour en jour. Faible, sinon inexistante, elle l'était parfois depuis longtemps. Mais c'est le projet même d'une politique d'intégration sociale qui, à l'échelle mondiale, passait de saison.

Le dilemme de l'État régulateur, bien décrit pour l'Allemagne par Habermas (2000), est aujourd'hui de *continuer* à assurer l'intégration sociale tout en favorisant le dynamisme de l'économie. Sans intégration sociale, pas de démocratie possible. Sans stimulation de la croissance, pas de prélèvements pour financer la politique sociale nécessaire. Tout État régulateur est nécessairement en équilibre instable. Cela vaut ou valait en particulier pour l'État-Providence, variante française mieux connue et fortement idéalisée dans la sous-région.

L'important est que ce modèle d'État n'a jamais été concrétisé en Afrique de l'Ouest «francophone», hormis peut-être quelques velléités généreuses mais peu durables. Il n'est certainement pas nécessaire, en conclusion de cet essai, de ré expliquer pourquoi en détail. Les uns souligneront la persistance d'une dépendance économique de nature néocoloniale, en dépit des indépendances du drapeau. Les autres insisteront plutôt sur le déficit de «volonté» politique des dirigeants. Depuis quelques années, un nouveau débat fondamental met également aux prises les défenseurs de l'hypothèse de mondialisation, selon laquelle se mettrait en place une véritable *politique intérieure* à l'échelle de la planète, d'une part, et d'autre part les observateurs, plus circonspects, d'une «simple» exacerbation des inégalités du système international. Dans tous les cas, le résultat est le même: la perspective d'États régulateurs dans la sous-région s'éloigne de plus en plus.

Le grand paradoxe du moment démocratique aura été de s'inscrire — pas toujours en pleine conscience — dans un mouvement mondial de dévalorisation de l'État, lorsque même un État «démocratisé» et régulateur était correctement vu comme souhaitable et nécessaire.

L'idée d'une soi-disant muraille de Chine entre État et société, voire d'un leadership «naturel» d'une société civile «moderne» sur des «communautés» vaguement révoltées, manipulables, et somme toute perçues comme archaïques ou inconsistantes, fut bien mauvaise conseillère (Beckman 1993, Mamdani 1995). Il est indubitable que les domaines où la société tout court s'emploie à pallier les carences de l'État se sont considérablement élargis (logement, santé, éducation, génération de revenus, violence et sécurité...) depuis le début des années 1980, quand les premiers comparatistes voulurent transférer en Afrique la notion de transition démocratique déjà éprouvée en Europe méditerranéenne, en Amérique latine et en Europe de l'Est. La notion de société civile fut elle-même appliquée à ces régions-là, principalement, avec quelques incursions asiatiques, avant d'être étendue à l'Afrique. Mais l'angélisation de ladite société civile précipita du coup la diabolisation de l'État en Afrique, quel qu'il puisse être dans des circonstances historiques déterminées ou quel qu'il puisse devenir, à l'horizon précisément des projets démocratiques qui disaient vouloir, ici s'en emparer, là le transformer, partout le changer en mieux.

Pour massive qu'ait été la répression exercée par une majorité de dirigeants africains — et pour pesante qu'elle soit encore quand ils en conservent les moyens ou quand on continue à les leur donner — on négligea trop souvent qu'elle n'était pas leur seul instrument de reproduction. Au sortir de la dernière grande vague mondiale de décolonisation, les quelques progrès accomplis au cours des années 1960 et 1970 n'auront pas été négligeables, notamment en matière de santé et d'éducation. Ils concoururent, sinon à légitimer les dirigeants, du moins à les faire accepter. Ils participèrent d'une capacité redistributive qu'on réduisit trop volontiers à du pur clientélisme ou néopatrimonialisme, selon les lectures des principales théories en vigueur, pas nécessairement dénuées de fondement mais exagérément péjoratives.

Les premiers cercles de pouvoir ponctionnaient à l'évidence une large fraction des crédits extérieurs — c'est-à-dire des dettes, bientôt intenables, à rembourser par les générations à venir — mais n'en réinvestissaient pas moins une partie dans leurs appareils politiques et/ou répressifs, n'en redistribuaient pas moins une autre partie à leurs clients immédiats, lesquels devaient à leur tour s'assurer la fidélité de clients plus lointains, si bien que de proche en proche, l'argent, les sacs de riz ou de ciment finissaient tout de même par irriguer des segments significatifs de la société.

Dans notre contexte contemporain «de disette et d'éparpillement de la violence, publique, privée, domestique» (Diouf 1998:26), la question brûlante est de recréer du «tenir ensemble» (Castoriadis 1975), de retrouver des «espaces légitimes» (Lévy 1994), autrement dit de restituer à la société à la fois la capacité — le pouvoir — d'agir sur elle-même et la responsabilité de continuer à lutter pour étendre cette capacité. Mais de quelle société parlons-nous? Comme l'a bien vu Habermas:

> Toute action que la société exerce «sur elle-même» présuppose, précisément, un «elle-même», une substance bien déterminée sur laquelle cette action puisse porter. Un concept de société qui définit celle-ci comme un tissu d'interactions se développant dans l'espace social et dans le temps historique n'est pas assez spécifique (Habermas 2000:50).

Une telle conception fait au fond considérer la société comme un marché, où des élites politiques en compétition «offrent» de la représentation politique aux groupes qui parviennent à formuler ou articuler une «demande» audible et recevable. Pourquoi est-elle insuffisante? Parce que nos démocraties formelles, collant du mieux qu'elles peuvent à cette métaphore du marché — et d'un marché inégalitaire, incapable, comme tout marché, de s'autoréguler — penchent démesurément du côté de l'offre. Elles accordent, en d'autres termes, une attention démesurée à l'agitation interne de la classe politique et aux moyens d'assurer sa régulation.

Une entente sur les règles d'accès ou de maintien au pouvoir est certes nécessaire. De même, la production et la transformation concertée de ces règles participent de l'institutionnalisation et de l'approfondissement de toute démocratie. Cependant, l'unification qui peut en résulter n'est jamais rien de plus que l'unification de la classe politique elle-même.

Pour reprendre la métaphore linguistique, la classe politique, voire, avec elle, la fraction électrice de la société, se dote d'une «grammaire démocratique» mais les structures et les règles de cette grammaire ne permettent pas nécessairement d'énoncer les préoccupations du plus grand nombre ni, par conséquent, d'appréhender leurs antagonismes éventuels. Lorsque les antagonismes ne parviennent pas à s'exprimer dans la langue des démocrates professionnels, vivant de la politique ou aspirant à en vivre, leur régulation est évacuée du projet démocratique — au cœur duquel elle devrait pourtant se trouver — et ne peut se développer, au mieux, qu'en ses marges.

Aux premiers temps du moment démocratique, les sociétés ouest-africaines ont globalement montré, par leur action coalisée, qu'elles souhaitaient et pouvaient redevenir le sujet collectif de leur propre histoire. Mais une nouvelle difficulté a surgi: les dynamiques sociales, les logiques qui les portent et les pratiques qui s'y attachent doivent désormais se montrer compatibles avec des formes institutionnelles élaborées par et *pour* la classe politique.

La non-satisfaction de cette exigence constitue l'inépuisable matière d'un nouveau courant d'expertise sur le soi-disant déficit de «culture démocratique» des sociétés africaines. Par un formidable retournement de perspective, il est au fond demandé au peuple de se conformer aux attentes de ses représentants théoriques, plutôt que l'inverse. Que les sociétés ouest-africaines y échouent — et elles ont de fortes chances d'échouer en l'absence d'États régulateurs — on accuse, avec aplomb, le peuple d'être contre la démocratie (Hermet 1989).

Le terrible constat dressé par John Milton dans l'Angleterre puritaine du XVIIe siècle se vérifie ainsi, une fois de plus: «Ceux qui ont crevé les yeux du peuple lui reprochent d'être aveugle» (cité in Vernet et Gerke 1993:25). L'unification croissante des démocrates professionnels, comme jadis de l'aristocratie anglaise, s'accompagne de son propre isolement vis-à-vis de la société, de ses fragments et des clivages majeurs qui, pourtant, vident le principe représentatif de sa substance.

Par clivages majeurs, on peut schématiquement entendre, en Afrique de l'Ouest «francophone», ceux qui opposent d'une part les «lettrés» et les analphabètes (relativement à ce qu'on a appelé, dans cet essai, la «langue» de l'État), d'autre part les possédants et les démunis (en anglais les *have* et *have not*) et enfin les urbains et les ruraux.

Bien entendu, ces trois oppositions schématiques admettent des situations intermédiaires et leurs termes se combinent. Il y a de riches paysans lettrés et de pauvres urbains analphabètes. Mais la pluralité des intérêts qui parviennent à orienter la représentation démocratique, dans nos circonstances présentes, est fondamentalement celle des citoyens cumulant trois qualités: urbains, lettrés, relativement nantis ou, du moins, pas indigents.

Le cumul des trois qualités définit en pratique l'accès à la citoyenneté, c'est-à-dire les conditions d'*appropriation*, au double sens du terme, de la démocratie. Ce cumul confère de meilleures chances de *s'approprier* nos démocraties représentatives: de s'en saisir, de contribuer effectivement à leur marche institutionnelle, de participer à leurs débats et de s'y faire entendre. Indissociablement, les citoyens ainsi définis sont les plus susceptibles d'orienter la représentation démocratique, pour qu'elle soit adaptée, ajustée à leurs préoccupations: *appropriée à* leurs intérêts concrets et à leurs aspirations.

En revanche, une seule des trois qualités inverses suffit à contrarier une telle expression citoyenne et, au fond, l'appartenance à la société ainsi régulée. Qu'on soit pauvre, rural, ou analphabète, on n'a objectivement pas la même emprise sur les affaires publiques. On se trouve tenu à une double distance. À distance, en premier lieu, des forces sociales qui tendent à surdéterminer la représentation démocratique. À distance aussi, par conséquent, des moyens mêmes de peser sur la distance précédente pour tenter, justement, de la réduire. À distance *croissante*, en un mot, de la démocratie représentative, du moins telle qu'elle tend aujourd'hui à se définir.

La distance n'interdit pas une appropriation partielle, un recours séle aux institutions démocratiques. Mais ce recours, cette réception locale ue démocratie s'opère alors sur le mode de l'*institution shopping* décrit par Bierschenk (1994:8): pour régler un litige foncier, par exemple, on pour a choisir au cas par cas de faire intervenir les élus locaux, les gendarmes, l associations de ressortissants, les tribunaux, les autorités religieuses... La coexistence de plusieurs régimes d'autorité, aucun d'eux n'ayant le monopole des arbitrages légitimes, n'est en soi ni contraire ni favorable à l'émancipation politique du plus grand nombre. Elle crée simplement des possibilités de limitation du pouvoir, de tout pouvoir, y compris d'un pouvoir formellement démocratique.

Aux yeux des générations montantes, les Conférences nationales ont rejoint l'histoire ancienne, comme le signalait le jeune Expédit en exergue à cette conclusion. Il y a tout lieu d'y voir un raccourci du dernier grand moment politique du siècle, bel et bien clos lui aussi. Ces générations montantes resteront ingouvernables, ou le deviendront de plus en plus, aussi longtemps que la représentation politique, gouvernants et opposants confondus, ne pourra se prévaloir auprès d'elles d'une capacité éprouvée à élargir, de nouveau, l'espace démocratique.

Des gouvernants et des opposants dont le face-à-face, même arbitré par la majorité dans des conditions formellement démocratiques, resterait surdéterminé par la compétition interne aux citoyens urbains, lettrés et relativement nantis: cette classe politique ne ferait qu'affaiblir la légitimité de ses propres instances et procédures de légitimation.

Une telle perspective n'a certes rien d'inéluctable. La nature expérimentale des systèmes politiques et de leur transformation invite à considérer l'éventualité, à court ou moyen terme, de nouvelles coalitions qui poursuivraient l'œuvre émancipatrice du moment anticolonial des années 1945-1960 et du moment démocratique des années 1988-1996 en défendant, idéalement, leurs acquis, et corrigeant, toujours idéalement, leurs travers. Dans l'expression «nature expérimentale» il y a toutefois l'idée d'*expérience* et celle-ci, on l'a vu au chapitre 3 de cet essai, a partie fortement liée aux grilles de lecture qu'on se donne.

C'est sans doute sous ce rapport que la notion de moment démocratique pourrait demeurer la plus féconde. Elle autorise en effet ce que ne permet déjà plus la notion de transitions démocratiques: s'essayer à penser une suite, continuer de tenir la démocratie pour un horizon légitime et s'efforcer, quand les chemins tracés se perdent, bifurquent ou se retournent, d'en ouvrir de plus courts. Elle invite à poursuivre ce qu'on pourrait appeler une perspective ouest-africaine sur la démocratie, une démarche visant à valider, dans l'expérience des mouvements sociaux et de leurs coalitions ces dernières années, des éléments utiles à une reconceptualisation acceptable des luttes pour la démocratie — des éléments utiles à leur poursuite.

L'expression «perspective africaine» est cependant si galvaudée, si souvent dévoyée selon des approches improductives, qu'il importe de préciser ce qu'elle ne saurait en l'occurrence signifier. Il ne s'agit en aucun cas de se laisser happer par le courant du «politiquement correct» qui, en France comme aux États-Unis, pose la représentation africaine dans les revues et colloques internationaux en termes essentialistes. Ce débat est non seulement un faux débat, fondé sur le postulat que la pigmentation de la peau ou la nationalité confèreraient une appréhension radicalement différente de la recherche, c'est également un faux-fuyant: il fait esquiver en aval, au niveau des seuils ou quotas de présence formelle, le problème bien réel, mais qui se pose en amont, de la production théorique et de sa circulation.

«C'est avant tout de la pertinence des schémas d'analyse, et de leur articulation avec le terrain, que découle la connaissance scientifique», rappellent fort à propos Crouzel et Abdourahmane (1997:145) au terme d'une étude chiffrée sur la marginalité des auteurs africains parmi les auteurs de *Politique africaine*. Qu'ils y publient ou non, qu'ils soient Africains ou pas, peu d'auteurs sur les «transitions démocratiques» africaines ont échappé à l'influence de cette revue, sans toujours la repérer avec précision. Peu, également, ont échappé à celle du *Carter Center of Emory University*, à propos duquel Adesina (1993:25) observe durement:

> L'Afrique a été transformée, au cours des dix dernières années, en un véritable laboratoire de spéculations théoriques souvent immorales, par des intellectuels qui étaient bien trop paresseux pour étudier les spécificités de nos sociétés et trop arrogants pour admettre leurs erreurs. Même en sciences naturelles il y a des limites à la vivisectomie qu'il ne faut pas dépasser pour des raisons d'éthique.

Il est excessivement difficile de dépasser le stade du témoignage ou de l'étude de cas quand on se sert d'outils conceptuels inadaptés, dont on ne repère avec précision, en bout de course de leur diffusion, ni les carences théoriques ni la nature facultative, mais dont on se sert malgré tout comme d'une évidence. Le succès d'estime des «transitions démocratiques», parmi une majorité d'auteurs africains ou autres, puis leur impasse conceptuelle, ont une fois de plus entretenu l'inscription de l'Afrique dans le monde sous un mode négatif.

Fausse alternative: soit l'Afrique n'est qu'un terrain de vérification (le plus souvent, d'invalidation) de règles dégagées ailleurs, et les dérogations répétitives à ces règles confirment alors une réputation d'exceptionnalité, autrement dit d'anormalité, de monstruosité; soit on élabore pour elle et pour elle seule des théories *ad hoc*, des méta-théories que nul n'oserait se risquer à vérifier ailleurs, l'une des dernières en date énonçant par exemple que finalement, les peuples d'ici «s'accommodent volontiers des despotes 'nécessaires' à leur épanouissement» (Wonyu 1996:63).[102]

Ni sur les rapports entre État et société, ni sur le poids respectif des dynamiques internes et des facteurs externes, ni d'ailleurs sur aucune des grandes questions débattues dans la littérature, on n'a observé dans cet essai de ligne de démarcation univoque entre auteurs africains et africanistes. Mais deux aspects bien plus significatifs des publications locales, de Nouakchott ou

Bamako, à Lomé ou Cotonou, valent d'être soulignés: la pauvreté générale des références bibliographiques, et un formidable souci d'archive.

Autant les références bibliographiques sont rares, de surcroît vieillottes ou dépassées quand elles ne sont pas totalement absentes (ce qui ne saurait surprendre en l'état de délabrement des bibliothèques, universitaires ou autres, et plus largement en l'état des difficultés d'accès à l'écrit), autant les ouvrages publiés localement, souvent des témoignages à compte d'auteur, regorgent d'une littérature grise — lettres, communiqués, documents syndicaux ou politiques, extraits de presse, textes de loi, Actes et résolutions des Conférences nationales... — qu'il s'agit manifestement de préserver de l'oubli.

Cette formidable abondance de matériaux glisse, pour tropicaliser le vieux Marx, vers la critique rongeuse des cafards.[103] Le souci d'archive des acteurs et témoins locaux du moment démocratique doit être pris au sérieux. La méticulosité d'un Robert Detchiénou n'était pas un cas isolé: ce professeur de lettres à la retraite consignait dans des cahiers d'écolier tous les Actes de la Conférence nationale du Bénin. Eboussi Boulaga (1993:7-8) demandait pour sa part que soit «promptement honoré» un recueil le plus soigneux possible des textes, documents et cassettes vidéos de toutes les Conférences nationales. À ce jour il n'a guère été exaucé, et son programme reste non seulement à être honoré, mais étendu aussi. La collecte gagnerait à embrasser toute la durée du moment démocratique et toute la gamme des «énoncés» politiques, y compris les moins conventionnels, qu'ils soient écrits (livres, articles, brochures, rapports de consultation, littérature syndicale et associative, tracts, graffitis...) ou pas (émissions radios en langues nationales, peintures et fresques murales, chansons, danses, blagues, slogans...).

Une entreprise si considérable poserait bien sûr de gros problèmes de méthode, à commencer par l'organisation de la collecte dans des conditions politiques qui n'y sont pas nécessairement favorables, mais aussi de vérification, de classement, de présentation, éventuellement de traduction. Toutefois, la réflexion sur ces points de méthode conduirait déjà à réhabiliter de multiples matériaux empiriques, et gagnerait en elle-même à être la plus ouverte possible. Ce faisant, il s'agirait aussi de penser à des formules susceptibles de permettre la sauvegarde de telles archives, puis surtout leur mise à disposition, non seulement auprès des chercheurs mais du plus large public possible, sous-régional comme extérieur.[104]

En l'état actuel de la circulation des savoirs, il n'y a pas beaucoup d'autres moyens que le retour aux sources empiriques pour entretenir une intelligence de la démocratie. Il s'agit tout simplement de reprendre les chemins ascendants d'une démarche scientifique acceptable: repartir de l'observation, en l'occurrence d'une base documentaire solide et diversifiée, pour asseoir localement une reconceptualisation défendable, susceptible d'être présentée au monde et d'y suivre la procédure universelle de critique, de vérification, de contestation, d'amendement ou de réfutation et de reformulation générale.

Perturber: voilà bien une tâche intellectuelle routinière, d'une affligeante banalité sous d'autres cieux ou latitudes, mais qui se charge ici, au départ d'ici, d'une connotation indûment marginale. Insistons donc: il n'y aura pas de théories politiques appliquables aux situations africaines tant qu'elles feront fi des logiques politiques à l'œuvre dans les sociétés concernées et des régimes de légitimité qui s'y déploient. Il n'y en aura pas non plus tant que ces théories ne seront pas également appliquables ailleurs, c'est-à-dire vérifiables et réfutables selon les règles universelles qu'on vient de rappeler.

Une telle démarche, ici comme partout, pourra seulement être poursuivie de manière collective. Ayant surtout insisté sur la dimension fédérative du moment démocratique, on ne pouvait guère accentuer, ici, en quelques pages, les multiples spécificités nationales et locales. Des comparaisons plus poussées devraient maintenant permettre de mieux prendre en compte ces spécificités, non pour y réduire chaque situation mais toujours pour affiner, de proche en proche, des grilles de lecture commune. Cet essai ne prétendait pas s'y engager plus avant. Il n'entendait pas non plus entamer l'étape, elle aussi nécessairement collective, d'une comparaison avec les autres sous-régions d'Afrique ou du monde. Qu'il ait suscité ou entretenu ces ambitions, et qu'il en ait fait entrevoir tout à la fois l'opportunité et la complexité, serait cependant un pas en direction d'une «démocratisation» de la démocratie.

De même que l'abolition coloniale de l'esclavage créa de nouvelles servitudes, de même que les partis-États vinrent obscurcir les soleils des indépendances, il faut aujourd'hui encore prendre la pleine mesure des rapports de domination qui reproduisent, ancrent et banalisent l'exclusion au cœur même de nos démocraties formellement représentatives. Démocratiser la démocratie, ce ne serait pas seulement œuvrer à la rendre plus inclusive. Ce serait lui restituer sa dimension d'outil. Car la démocratie en soi ne résoud jamais rien. Elle n'est au fond qu'un moyen, une manière de poursuivre des projets collectifs. Or, dans l'histoire de l'Afrique de l'Ouest, le projet collectif le plus permanent est celui d'une émancipation sociale significative. C'est ce projet, toujours à reprendre, qui permet d'inscrire le moment démocratique dans la continuité du moment anticolonial et, plus largement, des mouvements de résistance aux oppressions de toute sorte.

Notes

1. MNSD: Mouvement national pour la Société de développement. La «Société de développement», théorisée sous la dictature militaire de Seyni Kountché (1974-87), était coiffée par un Conseil national de développement (CND). Elle devait initialement être un mouvement supra- mais surtout anti-partisan, regroupant tous les Nigériens autour d'un objectif commun, un peu à la manière, plus tard, du zéropartisme imposé par Yoweri Museveni en Ouganda. À la mort de Kountché, son successeur Ali Saibou a transformé le CND en MNSD, lui reconnaissant plus nettement sa valeur de parti unique.

2. La Commission électorale togolaise avait la charge de centraliser les résultats et de les proclamer. Les partisans d'Eyadema en ont démissionné en bloc, provoquant ainsi son auto-dissolution, après l'arrêt des transmissions depuis les commissions électorales locales et, dans la capitale Lomé, le décompte de seulement 36 bureaux de vote sur 617. Les résultats partiels faisaient à ce stade état d'un raz-de-marée en faveur de Gilchrist Olympio, principal challenger du président sortant. Le général Mémène, ministre de l'Intérieur, a aussitôt pris sur lui de se substituer à la défunte Commission électorale pour proclamer «en âme et conscience» (sic) la victoire d'Eyadema. La Cour constitutionnelle a entériné. Les observateurs de l'Union européenne précisent l'ensemble des irrégularités dans leur *Rapport final sur l'élection présidentielle du 21 juin 1998 au Togo*.

3. La même phrase avait déjà été reprise en décembre 1993 par le Gabonais Omar Bongo, au sortir d'une autre réélection laborieuse, signale Akindès (1996:62). Dans un autre contexte, celui de l'agitation scolaire et estudiantine à Abidjan, le ministre ivoirien de l'Education Alassane Salif N'Diaye l'avait martelée pour commenter la radiation d'une centaine d'élèves et d'étudiants; le quotidien national *Fraternité-Matin* en avait fait son titre de Une (25 sept. 1990).

4. Ces propos d'Abdoulaye Niandou Souley (Université Abdou Moumouni Dioffo), recueillis le 16 octobre 1998, sont confirmés par les étudiants, les syndicalistes, les militants des Droits de l'Homme, les fonctionnaires et les Nigériens «sans qualification particulière» que nous avons pu rencontrer à Niamey à la même période.

5. La bienveillance du ministre ivoirien pour la généalogie d'IBM, présumée partiellement burkinabé, contraste avec la redéfinition de la citoyenneté dans son propre pays, où seul un Ivoirien «de père et de mère» peut légalement briguer l'investiture suprême. Une ascendance présumée burkinabé vaut ainsi, au Niger, pour un argument en faveur du général Baré, mais vaut en Côte d'Ivoire pour une fin de non-recevoir aux ambitions présidentielles d'Alassane Ouattara. Ce dernier, ancien Premier ministre d'Houphouët-Boigny, s'est d'abord résolu à boycotter l'élection présidentielle de 1995 puis son dossier de candidature a été rejeté en 2000. Déjà en 1995, l'opposant Djeny Kobina avait été écarté des législatives ivoiriennes au motif d'un ascendant ghanéen.

6. Éventualité très sérieusement discutée lors du *Séminaire international sur la prévention des conflits et la transition démocratique en Afrique de l'Ouest: vers la création d'un Observatoire*, organisé en mai 1996 à Dakar par un comité d'initiative regroupant notamment le patron de la transition malienne (Amadou Toumani Touré) et celui du Comité préparatoire de la Conférence nationale béninoise (Robert Dossou)...

7. Gerddes: Groupe d'étude et de recherche sur la démocratie et le développement économique et social. Le premier cheval de bataille de cette ONG internationale, créée en 1990 au Bénin, était de promouvoir l'observation des élections africaines – jusque-là réservée à des observateurs non africains, et souvent naïfs sinon tendancieux – par des observateurs africains (Bakary 1991).

8. Me Alao, président-fondateur du Gerddes-Afrique, a depuis lors été poussé à une retraite honorifique, après que plusieurs sections nationales du Gerddes, en Afrique de l'Ouest et du Centre, financièrement et idéologiquement indépendantes, aient menacé de changer de nom.

9. J'emprunte à Wade (1998) cette notion de «respiration», déjà présente en filigrane chez Bazin et Terray (1982).

10. Je me réfère bien sûr aux transitions en leur sens le plus courant, qui est le plus problématique. Car il y eut aussi, là où des Conférences nationales se sont tenues, des transitions *stricto*

sensu, conduites par des «autorités de transition». Ces transitions-ci étaient précisément délimitées dans le temps, allant de la fin de la Conférence nationale à l'élection de nouveaux dirigeants et à leur installation.

11. Début janvier 1966, le président Maurice Yaméogo était poussé à la démission par une insurrection populaire réunissant, en coalition, la classe politique, les syndicats, les hiérarchies catholique et musulmane, les chefs traditionnels et l'intelligentsia voltaïque (Guirma 1991).
12. Il y a certes des transitions géologiques, mais elles n'ont besoin de personne pour s'accomplir.
13. Blaise Compaoré était cette fois l'unique absent. Il venait, semble-t-il, de se brouiller avec IBM et ne tenait pas non plus à croiser un autre invité d'Eyadema, le vice-amiral Mike Ahigbe, vice-président du Nigeria. Les régimes burkinabé et nigérian entretenaient des relations tendues depuis la guerre du Liberia qui les avait vus, respectivement, soutenir et combattre le National Patriotic Front of Liberia de Charles Taylor.
14. Le putsch gambien de juillet 1994, mettant fin à 29 ans de régime civil, semblait encore anachronique, décalé par rapport à son époque, comme hors-du-monde. Ce fut l'argument majeur de sa réprobation internationale, qui ne l'envisagea pas comme un possible précurseur. Le renversement du président sierra-léonais Tejan Kabbah en mai 1997, quatorze mois seulement après son élection, sera lui aussi fortement réprouvé mais sur la base d'un retournement d'analyse : il s'agira désormais d'endiguer le retour des coups d'État, qui avaient été pendant un moment suspendus.
15. *Le Cafard libéré*, hebdomadaire satirique, l'appelait «président de la rue publique».
16. Avec le Botswana, l'Ile Maurice et la Gambie, le Sénégal était à la fin des années 1980 l'un des rares pays africains à tenir régulièrement des élections pluralistes. Les premières élections sénégalaises furent celles de Saint-Louis en 1848. Des échéances plus ou moins régulières rythmèrent ensuite la vie politique des Quatre Communes (Saint-Louis, Gorée, Dakar, Rufisque, dont les «originaires» étaient citoyens français), avant d'être étendues, à partir de 1945, à l'ensemble des «sujets» colonisés. Les premières constitutions de l'indépendance, en 1960 puis 1963, autorisèrent en théorie le multipartisme mais institutionnalisèrent en pratique l'hégémonie d'un parti qui, aux sigles près (du BDS de 1948 au BPS puis à l'UPS et au PS), régentera le pays pendant un demi-siècle. Ni l'instauration d'un système tripartite par le président Senghor en 1976 ni l'instauration du multipartisme intégral par son successeur Abdou Diouf en 1981 ne permettront d'abattre cette hégémonie avant l'élection d'Abdoulaye Wade en mars 2000.
17. Les élections, étalées entre décembre 1986 et janvier 1989, étaient les premières depuis 1976.
18. Ce texte, le *Manifeste du Négro-Mauritanien opprimé*, venait en écho à d'autres protestations plus anciennes, notamment le *Manifeste des 19* signé en février 1966 par 19 universitaires et fonctionnaires négro-mauritaniens.
19. Pour une approche sous-régionale avec impasse sur le Sénégal, lire Nwokedi (1999). Le Sénégal a été qualifié par Coulon (1988) de «semi-démocratie», une expression souvent reprise et actualisée (Villalon 1994, Vengroff et Creevey 1997). Pour une extension de la «semi-démocratie» à la Côte d'Ivoire, autre vitrine, économique cette fois, de la France dans la sous-région, voir Mundt (1997).
20. Communauté économique des États de l'Afrique de l'Ouest: Bénin, Burkina Faso, Cap-Vert, Côte d'Ivoire, Ghana, Guinée, Guinée-Bissau, Liberia, Mali, Niger, Nigeria, Sénégal, Sierra Leone, Togo. La Mauritanie, qui en était membre, a décidé en 2000 de se retirer.
21. Calcul de l'auteur, sur la base des cartes de Foucher (1991).
22. Observations personnelles.
23. De telles Conférences ont néanmoins été et sont encore réclamées ailleurs, à commencer par le Nigeria «anglophone».
24. En préparation à leur expédition parisienne, deux regroupements politiques, l'Alliance des forces de changement pour l'alternance et le Bloc républicain pour le changement venaient de détailler les techniques de fraude électorale du PS sénégalais dans une «Lettre à Monsieur Jacques Chirac, Président de la République française» (AFCA et BRC 1998).

25. Ce débat, ouvert par Anyang' Nyong'o (1988a; 1988b) et Mkandawire (1988) s'est poursuivi plusieurs années durant dans le *Bulletin du CODESRIA*, ainsi que dans le *Southern Africa Political and Economic Monthly*. On en trouvera un aperçu dans le recueil édité par Chole et Ibrahim (1995).
26. *Africa Demos* (1991:7) pour la première parution de ce canevas, ensuite repris dans tous les numéros de la revue.
27. Traduction imparfaite de *Directed Democracy*, catégorie passablement équivoque.
28. *Africa Demos* (1992:8-9), là encore pour une première parution, systématisée dans les numéros suivants.
29. Sur l'expression «éléments incontrôlés», recouvrant chez Eyadema le noyau dur de sa force de frappe, voir plus loin (annexe 3) l'interview de Norbert Gbikpi. C'est en l'occurrence le lieutenant-colonel Toyi Gnassingbé (tué lors des combats), demi-frère d'Eyadema et chef de sa garde présidentielle, qui dirige la capture du Premier ministre, deux mois après une première tentative infructueuse.
30. La Côte d'Ivoire était, jusque-là, l'un des deux seuls pays de la sous-région, avec le Sénégal, à n'avoir jamais connu de régime militaire.
31. Jacques Amouzou et Adani Ifê.
32. Titre de *L'Afrique politique*, publication annuelle du CEAN, pour l'année 1994, centrée sur les événements de 1993.
33. Le sarcasme, adressé à Grégoire et Olivier de Sardan (1996), est de Toulabor dans sa préface à Abdourahmane (1996:3-4).
34. L'approche «par le bas» semble reprendre un second souffle à partir du milieu des années 1990 — hors des universités françaises, vaut-il d'observer — sous l'impulsion de quelques chercheurs qui l'ouvrent aux apports de l'anthropologie politique, de l'histoire et de la sociologie du développement, ces deux dernières disciplines étant plus chères aux tenants de l'approche par les mouvements sociaux. Les possibilités d'articuler théorie et travaux empiriques s'élargissent d'autant. Un dialogue avec l'approche institutionnelle devient également possible, notamment en matière d'administration territoriale et de décentralisation (Béridogo 1998, Bako-Arifari 1999). Parmi ces chercheurs, Thomas Bierschenk, de l'Université de Hohenheim à Stuttgart, et Roch Mbongo de l'Université nationale du Bénin ont coordonné, sur la démocratie «par le bas» au Bénin, un numéro de *Politique africaine* enfin nourri d'études de terrain (Bierschenk et Mbongo 1995).
35. C'est le fameux *straddling* de la littérature anglophone, par lequel la proximité du pouvoir politique détermine les opportunités d'enrichissement.
36. Les chiffres donnés par Monga (1995:58) pour la période 1993-1995 sont les suivants: 2297,9 millions de dollars d'assistance financière exceptionnelle à la Côte d'Ivoire, 426,8 au Burkina Faso; 394,1 au Sénégal; 363,4 au Mali; 270,2 au Bénin; 246,1 au Niger; 201,6 au Togo.
37. Seule la Conférence nationale du Niger a rejeté le principe de tout nouveau PAS, ainsi que le projet Education III de la Banque mondiale. Contre cette décision, le gouvernement de transition dirigé par Cheiffou Amadou a opéré un rapprochement avec les institutions de Bretton Woods en élaborant un Programme de redressement économique et financier (PREF) à l'intention… du prochain gouvernement qui sortirait des élections de 1993.
38. Libre, honnête, transparente, équitable… Sur l'ambiguïté de ces qualifications, au demeurant quasiment réservées à l'Afrique, se reporter à Geisler (1993). «Le monitoring électoral repose dans une large mesure en Afrique sur la construction et l'imposition du mythe de la neutralité ou de l'objectivité des 'Occidentaux' qui en ont généralement la charge», relève pour sa part Sindjoun (1995:43) avant d'ajouter: «les institutions africaines de monitoring sont généralement des succursales des organisations basées en Occident. (…) En fait, le monopole occidental du monitoring électoral va de pair avec le quasi-monopole africain de la demande d'assistance électorale».
39. Hormis pour quelques culturalistes de circonstance, tel l'ancien maire de Paris Jacques Chirac plaidant, lors d'une mémorable conférence des maires francophones à Abidjan en février 1990 (pendant que se tenait à Cotonou la Conférence nationale béninoise), pour «le modèle du parti unique avec la démocratie intérieure», en Afrique s'entend, et pour tenir compte des

«particularités» économiques et culturelles qui feraient ici du multipartisme une «erreur» et un «luxe». Pour une réponse indignée, mais aussi pour les difficultés à la publier chez un éditeur français, lire Hodonou (1993:4-28).

40. Plusieurs sites internet basés en France, en Belgique et aux États-Unis ont permis à des historiens révisionnistes de soutenir un tel rapprochement à la fin des années 1990. Un de ces sites avait consacré un forum de discussion à «l'œuvre démocratisante de la colonisation» (sic).

41. Bien des erreurs factuelles chez les analystes extérieurs s'expliquent par l'abonnement (méritoire) à un unique journal local, qui d'une part peut se tromper sans nécessairement rectifier, d'autre part n'est pas toujours le plus pertinent pour la couverture et l'analyse des faits considérés.

42. Le CEAN est le Centre d'étude d'Afrique noire de l'Institut d'études politiques de Bordeaux, par lequel passent de nombreux étudiants africains. Ses publications incluent *Politique africaine* (du moins pendant les années du moment démocratique, la revue étant depuis mars 1999 logée à l'Université Paris I-Sorbonne), *L'Afrique politique* (successeur de *L'Année africaine*) et de nombreuses monographies. La *Revue juridique et politique, Indépendance et coopération* est pour sa part l'héritière de la *Revue juridique et politique d'outre-mer*, très présente parmi les juristes francophones depuis l'époque coloniale. Les principales publications locales sont celles du CODESRIA (notamment *Afrique et Développement*, la plus vieille revue africaine de sciences sociales, le *Bulletin du CODESRIA* et les ouvrages collectifs réalisés au terme de programmes de recherche), de l'Institut africain pour la démocratie (l'IAD à Dakar, qui publie aussi des ouvrages collectifs et la revue *Démocraties africaines*) et du GERDDES-Afrique qui dispose à Cotonou de la revue *Afrique Démocratie & Développement*. Il faut également mentionner, dans la sous-région, les efforts d'édition de plusieurs fondations allemandes: la Fondation Friedrich Naumann à qui l'on doit entre autres la publication des *Actes de la Conférence nationale du Bénin* (de loin les plus aisément accessibles), la Fondation Friedrich Ebert (éditrice ou coéditrice de plusieurs ouvrages locaux) et la fondation Konrad Adenauer (avec sa revue *Société & Education* publiée à Cotonou et de nombreux articles tirés à part).

43. *De facto* sinon toujours *de jure*. Aucune des nombreuses révisions de la constitution ivoirienne n'est jamais revenue sur son Article 7, qui depuis 1960 reconnaît en principe le multipartisme: «Les partis et groupements politiques concourent à l'expression du suffrage. Ils se forment et exercent leur activité librement sous la condition de respecter les principes de la souveraineté nationale et de la démocratie, et les lois de la République». Le PDCI, Parti démocratique de Côte d'Ivoire, n'en a pas moins clairement été un parti unique (Loucou 1992, Bailly 1995).

44. Il y a un parallèle saisissant entre le courage opiniâtre de Sébastien Castellion, défiant sans relâche la dictature de Calvin dans la Genève du XVIe siècle (Zweig 1936) et celui du journaliste burkinabè Norbert Zongo, assassiné le 13 décembre 1998 alors qu'il enquêtait sur les exactions de la garde présidentielle (Ouédraogo 1999, Commission d'enquête indépendante 1999).

45. Je laisse ici de côté la question des marabouts personnels des chefs d'État (Diallo 1988; Adjaho 1993).

46. Propos cités par Abdou Salam Kane, lors de l'atelier du «Research and Learning Programme in West Africa», organisé les 28-29 septembre 1998 à Dakar par le CODESRIA et Oxfam GB.

47. Titre d'une chanson des «Salopards», groupe phare de la musique zouglou. Le zouglou, initialement joué lors des compétitions sportives, des mariages et des funérailles, s'est imposé en Côte d'Ivoire comme une musique de contestation du pouvoir au début des années 1990 (Ahonto 1998).

48. La Sierra Leone a connu un épisode comparable en... 1967-68. Le parti de Siaka Stevens, qui venait de remporter des élections, a d'abord été débouté par un coup d'État militaire puis rétabli par ce qu'on a appelé «le coup des sergents».

49. Le bilan officiel de la répression est de 106 morts et 556 blessés dont certains restent handicapés à vie (Collectif 1993:40).

50. Jusqu'à la suspension, en octobre 1992, des accords de coopération entre la France et le Togo.

51. L'histoire du coup d'État de mars 1991 au Mali reste dans une large mesure à écrire, estiment néanmoins, sous couvert d'anonymat, deux officiers y ayant pris part. Ces deux officiers, rencontrés séparément à Dakar et Bamako en avril 1998 et février 2000, relèvent des «distorsions» dans le récit donné par ATT (Touré 1996). Ils ne se reconnaissent ni dans les piques qu'il décoche aux organisations démocratiques, ni dans ses propos, remarquablement conciliants, à l'endroit de Moussa Traoré. Dans un autre registre, les tentatives de coup d'État de juillet 1991 (contre le Comité transitoire de salut du peuple, CSTP, présidé par ATT) puis de décembre 1993 et d'octobre 1996 (contre le président Konaré) confirment que l'armée, au Mali comme ailleurs, n'est décidément pas monolithique.

52. Je m'appuie ici sur les revues hebdomadaires de la presse sous-régionale dont j'avais alors la charge à *Sud Hebdo* (Sénégal).

53. Le 30 novembre 1975, à l'occasion de la création du PRPB, qui annonçait ainsi sa ferme intention de «saper la base féodale» (dans le langage de l'époque) des anciennes dynasties d'Abomey.

54. Voir l'interview de Me Yansunnu (annexe 2).

55. La signature D.C/P.O signifie: Directeur de cabinet, Pierre Osho.

56. Ces propos recueillis à Cotonou le 3 août 1998 reprennent dans un langage sensiblement plus relâché un récit déjà donné par Dossou (1993).

57. Propos recueillis à Cotonou le 5 août 1998.

58. Candidat à la présidence de la République en 1991, Séverin Adjovi s'y fera balayer au premier tour. Initialement proche de Nicéphore Soglo, il s'éloignera de lui faute d'obtenir des postes gouvernementaux pour son parti, le RDL-Vivoten, et se ralliera à Mathieu Kérékou pour la présidentielle de 1996.

59. Robinson (1994) retient principalement le schéma des États généraux. Hountondji (1993) aussi l'envisage, mais le complète par le thème de la palabre, dont il souligne la capacité à économiser la violence. Eboussi Boulaga (1993) tient quant à lui la palabre pour un archétype culturel parmi d'autres, sur lesquels nous reviendrons plus loin.

60. En l'absence de procès-verbaux officiels, les cassettes vidéo restent les sources les plus fiables sur les séances plénières et une partie des travaux en commission. Je m'appuie sur un montage (un jeu de 7 cassettes de 3 heures chacune) réalisé par un caméraman amateur à partir des bandes de la TV nationale, qui couvrait les assises en direct. Les archives nationales sont censées conserver la totalité des enregistrements originaux mais, selon les indiscrétions concordantes de plusieurs fonctionnaires, il semble qu'une partie «non négligeable» de cette documentation est manquante.

61. Propos recueillis à Cotonou le 3 août 1998. Le prélat omet de préciser qu'il fallut toute sa diplomatie, plusieurs jours de chaudes empoignades, la menace d'un énième coup d'État par le colonel Kouandété, puis une déclaration d'apaisement de l'armée, parmi d'autres péripéties, pour que le 25 février 1990 («dimanche de la victoire») soit enfin votée la proclamation de souveraineté.

62. La parodie la plus criante fut le «Forum de réconciliation nationale» organisé en février 1992 par le président burkinabé Blaise Compaoré, deux mois *après* sa «victoire», comme candidat unique, à une présidentielle boycottée par l'opposition. Le boycott découlait principalement du refus du président de convoquer une Conférence nationale *avant* son élection. L'agitation sociale, menée par les syndicats, battait alors son plein et menaçait de compromettre les législatives prévues, tenues et remportées trois mois plus tard par l'ODP-MT, parti présidentiel (Kiemdé 1996). Un très fort désaccord sur la retransmission des travaux du Forum, en direct et en continu ou pas, allait fournir le prétexte de tout arrêter avant terme. Lire néanmoins la contribution préparée pour le Forum par le Mouvement burkinabè des Droits de l'homme et des peuples (MBDHP 1992a) ainsi que son évaluation des législatives (MBDHP 1992b) et les arguments juridiques de Yonaba (1993a et 1993b).

63. La loi n° 91-013, portant immunité personnelle de Mathieu Kérékou pour tous les actes commis pendant ses années de pouvoir, a été accueillie avec indignation par plusieurs associations de défense des droits de l'Homme, proches du Parti communiste (LDH 1991, ASSANDEP 1991).

64. Propos recueillis à Cotonou, le 3 août 1998.
65. «*Homi doyessi, Kérékou, homi doyessi, assou kpo assi kpo kossa tolossa, homi doyessi loo*» etait alors, en fon, un refrain électoral connu. Ce qui veut dire: «Sauve-nous, Kérékou, sauve-nous, le mari et la femme ont déjà vendu le pays!».
66. De nombreux journalistes béninois se sont déclarés troublés par l'opulence du journal *Le Matin* (dont nous n'avons pas pu hélas rencontrer les fondateurs), déployant dès sa création de gros moyens quand l'ensemble de la presse nationale accusait le contrecoup d'une euphorie révolue. Ayant compté jusqu'à 174 journaux aux lendemains de la Conférence nationale, la presse béninoise vivait au rythme des liquidations, pour beaucoup de titres, et de l'austérité pour les survivants. *Le Matin* sera l'un des plus puissants relais de l'opposition au président Soglo. Quant aux deux «experts» français, Michel Le Cornec et Ariel Bert, ils semblent avoir été des francs-tireurs conciliant plusieurs fidélités – au RPR (droite française) et à ses réseaux africains, à l'anti-américanisme consensuel de la diplomatie française (ultime poutre maîtresse de l'époque Mitterrand) et à une vision marchande de la politique (vendant les politiciens comme on vendrait des lessives). Sur les réseaux français de marketing politique au Togo, lire Amalou (1998).
67. Selon les témoignages de plusieurs observateurs béninois recueillis en seconde main auprès de diverses ONG et organisations syndicales.
68. Il y avait alors deux grandes pierres d'achoppement: la privatisation des stations-services – Soglo y gagna la réputation de «bradeur du patrimoine national» – et le gel du prix du coton au producteur dans une période de production record – il devint «l'ennemi des paysans» (Adjovi 1998:107-139).
69. Beaucoup y virent aussi le paiement d'une dette. À la fin de sa campagne présidentielle, le candidat Soglo avait contracté une étrange maladie, d'abord décrite comme une sciatique puis comme une typhoïde. En dépit de longs séjours dans un hôpital parisien et des prières des Églises, il était resté très affaibli et ne put assister à son investiture que soutenu par deux gardes du corps. Puis un jour, brutalement, il guérit. La rumeur publique attribua sa maladie à un empoisonnement par poignée de main, lors d'une tournée dans le nord du pays, et sa guérison à un fétiche vodun. Cette rumeur parut confirmée par la nouvelle manière de saluer du chef de l'État, d'un simple hochement de tête, mains jointes à mi-poitrine. Nicéphore Dieudonné Soglo était devenu, dans l'humour populaire, Nicéphore Vodundonné Soglo...
70. Le gouvernement Soglo s'était aventuré en terrain miné. Il avait repris à son compte un subtil (ou impossible) distingo, introduit une vingtaine d'années plus tôt par Kérékou, qui entendait réhabiliter la médecine traditionnelle en l'amputant de ses pratiques magico-religieuses. La marge étant étroite, bon nombre de guérisseurs furent alors jetés en prison. Soglo, voulant à son tour régenter ce qu'il ne maîtrisait pas, alimenta plus la compétition religieuse en milieu rural qu'il ne rallia de partisans à l'échelle nationale. Sur les imbrications locales du religieux et du politique, lire les monographies éditées par Bierschenk et Olivier de Sardan (1998).
71. Propos d'Alain Agossa, «diplômé-chômeur», recueillis à Ouidah le 1ᵉʳ août 1998. Les passes d'armes entre Roger Gbégnonvi (1995, 1996), représentant de la fondation Naumann à Cotonou et sogloiste déclaré, et le mouvement syncrétique Mɛwihwɛndo-Sillon Noir (1993, 1998), vodun d'obédience catholique, rendent bien compte de l'implosion de la base sociale «virtuelle» de Soglo.
72. Propos recueillis à Lomé le 31 août 1998. Zeus Ajavon était membre de la direction politique de l'Union togolaise pour la démocratie (UTD), la formation d'Edem Kodjo.
73. Moussa Traoré a reçu deux condamnations à mort, en 1993 pour crimes de sang puis en 1998 pour crimes économiques – peines commuées en détention à perpétuité par le président Alpha Oumar Konaré.
74. En wolof : porteur de poisse.
75. Propos recueillis à Lomé le 11 janvier 2001.
76. Les citations de ce paragraphe sont tirées d'enregistrements vidéo de la Conférence nationale béninoise. La formule «coup d'État civil» sera, à l'instar de la «récréation», promise à un bel

avenir sous-régional. Pour un aperçu des attaques contre la souveraineté des Conférences nationales, lire Massina (1993).

77. Les rapports des commissions des Conférences nationales sont diversement accessibles. Ceux du Bénin figurent dans un recueil édité en 1994 par la Fondation Naumann, avec une sélection d'autres documents (motions, résolutions, quelques discours et interventions...). Pour le Mali, il n'existe pas de recueil spécifique mais certains rapports (Conférence nationale du Mali 1991a à 1991c) sont reproduits in Diarrah (1991:193-230), à compléter par Nzouankeu (1992:265-293). Le Niger et le Togo sont les deux seuls États de la sous-région à avoir publié eux-mêmes les documents de leurs Conférences nationales. Le Niger a opté pour une édition unique et quasiment exhaustive (République du Niger 1991b). Le Togo a pour sa part choisi la dispersion en plusieurs brochures, mais celles-ci ont semble-t-il été retirées de la circulation par l'éditeur national – les principales publications circulent néanmoins sous forme de photocopies (République du Togo 1992a à 1992f). A noter qu'au Bénin, les actes de l'année de transition ont eux aussi été publiés par la Fondation Naumann (1993), en neuf gros volumes... mais seulement vingt-quatre exemplaires !

78. Mentionnons aussi l'intervention plus discrète des loges maçonniques. Recrutant à la fois dans les sphères du pouvoir et dans celles de l'opposition, elles ont joué un rôle modérateur au Bénin. Leur influence ne saurait toutefois être surévaluée ni généralisée, comme l'indique l'échec des francs-maçons togolais à pacifier leur vie politique nationale. La médiation offerte par les loges françaises à leurs «frères de lumière» togolais n'a pas mieux abouti: la rencontre inter-maçonnique organisée en 1993, entre partisans et adversaires d'Eyadema, au siège parisien du Grand Orient de France, n'a pu amener aucun apaisement (Wauthier 1997).

79. Propos recueillis à Cotonou le 3 août 1998.

80. La littérature africaniste peint volontiers le consensualisme sous les traits d'un objet exotique, prétendument étranger voire opposé au principe majoritaire. Ce dernier est plus ou moins élégamment tenu pour «euro-centrique», ce qui permet d'en faire un pseudo-apanage des démocraties occidentales (Schraeder 1995, CERDET 1991). Mais une telle opposition revient à confondre la légitimité de la décision majoritaire avec ses modes de dégagement. La formation d'une majorité et, de manière concomitante, d'une minorité peut en effet être un lent processus. Le modèle de la palabre montre qu'au fil de ce processus, la minorité qui finit par éprouver son caractère minoritaire consent à se replier, pas nécessairement parce que les arguments de la majorité émergente la convainquent mais justement parce que la position du plus grand nombre est la seule acceptable.

81. Maïmouna D., propos recueillis à Bamako le 23 février 2000. A l'occasion du procès de Moussa Traoré pour crimes de sang (novembre 1992-février 1993), une Association de Défense des Victimes de la Répression s'est constituée pour réclamer une réparation financière. Elle a obtenu gain de cause mais sa crédibilité a été mise en doute quand on a découvert, parmi des victimes et des représentants de victimes très dissemblables (militants révolutionnaires, passants touchés par des balles perdues, pillards opportunistes...), de nombreuses victimes fictives.

82. C'est moi qui souligne.

83. Tel cet «Envoyé de Dieu au Mali pour prêcher la prière dans toutes les langues» (Nzouankeu 1992:285).

84. Son rapport est reproduit in Nzouankeu (1992:279-82).

85. Voir le rapport de la Commission de vérification des mandats cité in Adamon (1994:48) et la liste des participants reproduite in Fondation F. Naumann (1994 :191-209).

86. Calcul de l'auteur, sur la base des chiffres officiels accessibles, des tableaux de l'International Institute for Democracy and Electoral Assistance (http ://www.idea.int/turnout), et des chronologies nationales établies par du Bois de Gaudusson *et al.* (1997 et 1998).

87. Outre le document déjà cité de l'opposition sénégalaise (AFCA et BRC 1998), qui dresse un bilan historique de cette partialité, lire, pour l'analyse détaillée d'un cas concret, le mémorandum de l'opposition guinéenne contre les résultats des législatives de 1995 (RPG et al. 1995).

88. La partie occidentale de la colonie allemande fut «rattachée» à la Gold Coast (Ghana) britannique, avant de lui être pleinement intégrée par référendum en 1956 (Toulabor 1997b).

89. Propos recueillis à Lomé le 31 juillet 1998. Sur la genèse des élites togolaises, lire Toulabor (1986:231-72).
90. Ces deux appellations composaient le lexique de base des journaux satiriques de la sous-région au début des années 1990, en compagnie du terme «dépités» pour désigner les députés. Dans un registre plus révérencieux, la publication d'un *Guide du parlementaire guinéen* (Ba 1997), véritable aide-mémoire pour débutants, de même que les initiatives d'«appui» conduites par l'Association internationale des Parlementaires de Langue française (AIPLF), notamment via son Programme d'appui à l'organisation des services documentaires des parlements du Sud (PARDOC), confirment que les premiers intéressés n'avaient pas toujours une vision très nette de leur fonction. Jusqu'à présent, les initiatives de loi prises par les députés restent d'ailleurs exceptionnelles.
91. A la suite de l'anthropologie coloniale, des chefs d'État comme Félix Houphouët-Boigny en Côte d'Ivoire ou le général puis maréchal Mobutu au Zaïre passaient pour des sages en assénant qu'il ne saurait y avoir, en Afrique, deux caïmans dans un même marigot…
92. Le Sénat sénégalais fut rapidement supprimé après l'alternance de mars 2000, en compagnie du Conseil économique et social (Wade 2001).
93. Observations personnelles. «Les plus surpris ont été les partis politiques», rappelle Clément Houénontin, directeur de la TV béninoise et artisan de son indépendance rédactionnelle au cours des années 1990: «Ils nous sont tous tombés dessus, pouvoir et opposition confondus, quand on a arrêté de lire leurs communiqués. S'il y avait dans leurs activités une info importante à donner à la nation béninoise, on couvrait, mais sinon on n'avait aucune raison de leur consacrer du temps d'antenne. Il y a eu beaucoup de pressions mais on a tenu bon, on les a découragés à l'usure. Avec le temps, comme ils nous suspectaient de tout, ils ont aussi fini par admettre qu'on pouvait ne pas rouler pour un parti sans pour autant rouler pour ses adversaires». Propos recueillis à Cotonou le 4 août 1998. Pour une comparaison avec la télévision burkinabè, lire Wablé (1997).
94. Entretien avec Babacar Kanté (alors également membre de l'Observatoire national des Elections, ONEL), à Saint-Louis, 1er juillet 1998.
95. Le personnage d'Iznogoud, incarnation prétendument orientale de l'appétit de pouvoir et de la fourberie, a fait les beaux jours de la bande dessinée d'expression française dans les années 1970. «Beaucoup parmi les politiciens actuels étaient en France [à cette époque], soit comme étudiants soit comme exilés. Ils ont apparemment lu Iznogoud et ont trouvé en lui plus d'inspiration que dans Montesquieu ou Tocqueville. Les aventures du grand vizir préfiguraient en tout cas les calculs d'une bonne partie de la classe politique actuelle», note sévèrement Konté (1997:25).
96. La prolifération de radios communautaires et de stations FM en langues nationales, à partir du milieu des années 1990, fut trop tardive pour exercer un impact sur la formulation des réformes.
97. La littérature sociologique tend à subsumer ces différentes espèces de capitaux — économiques, symboliques, culturels etc. — sous la notion de «capital social», celui-ci désignant peu ou prou leur résultante: la capacité d'ensemble d'une société à agir sur elle-même et à interagir avec d'autres. Bourdieu (1994:33-35) restreint ainsi la notion de «capital politique» à un type de ressource qui s'acquiert spécifiquement dans *la* politique, dans les appareils étatiques ou partisans, et peut assurer des privilèges à ses détenteurs. Considérant ici *le* politique dans un sens élargi, il nous semble plus commode d'étendre pareillement la notion de «capitaux politiques» à l'ensemble des ressources légitimement mobilisables dans la régulation d'un espace légitime. L'important réside en tous les cas dans la convertibilité réciproque des différentes espèces de capitaux, autrement dit dans la possibilité de faire, par exemple, un usage «politique» d'un capital économique ou un usage «économique» d'un capital politique.
98. Le vote des étrangers était légal en Côte d'Ivoire sous Houphouët-Boigny. Il était frauduleux partout ailleurs dans la sous-région, mais la confection massive de vraies ou fausses cartes d'identité nationale en période pré-électorale en faisait néanmoins une réalité très répandue.
99. Plus tôt encore, dans les années 1930, une Association de défense des intérêts des autochtones de Côte d'Ivoire (ADIACI) s'était constituée en réaction au recrutement de Sénégalais et de

Dahoméens dans l'administration ivoirienne mais il faut la resituer dans la dynamique d'ensemble des associations ou mouvements d'«originaires» qui, dans toute l'AOF, organisaient la compétition des «évolués» auprès de l'administration coloniale.

100. Hachem Chirara, directeur d'industries plastiques en Côte d'Ivoire et en Guinée: «Le nationalisme économique, c'est la mode dans les organisations patronales. En gros, ça veut dire que les patrons autochtones et les patrons français et libanais s'installent dans une logique de confrontation. Il y a en fait deux conceptions différentes de l'intérêt national. Les patrons autochtones reprochent aux autres, pas toujours à mots couverts, de les coloniser. Mais le patronat soi-disant étranger est plutôt un patronat industriel, et il affirme défendre la production nationale contre ses détracteurs, qui forment plutôt un patronat d'affaires versé dans l'import-export. Le vrai problème, ça serait d'avoir un secteur industriel suffisamment étendu pour que tout le monde s'y retrouve. Sinon vous voulez que j'aille où, moi? Je n'ai jamais mis les pieds au Liban». Propos recueillis à Abidjan le 2 mars 2001.

101. Lefort (1999:41) va à l'essentiel en observant que «la reconnaissance du conflit, le refus d'une autorité inconditionnée, le refus d'un pouvoir incarné dans un monarque ou dans une institution (...) est à l'origine et au cœur du mouvement démocratique». Il ne mentionne aucun exemple africain mais cela n'enlève rien à la validité de son propos.

102. Adesina (1993:27) s'inquiètait du jour, «dans une dizaine d'années peut-être, où quelqu'un avancera une 'thèse' selon laquelle la pathologie des valeurs et de la société (traditionnelle) africaine serait responsable de l'absence d'enracinement de la démocratie en Afrique». Ce jour semble être venu plus tôt que prévu.

103. Karl Marx parlait, en Europe, de la «critique rongeuse des souris». On pourrait ajouter celle des pluies. La TV du Niger par exemple, a dédié un réduit à l'archivage de plusieurs centaines d'enregistrements audios et vidéos de la Conférence nationale, mais pluies et cafards dévorent ensemble les étages inférieurs de ce louable empilement. Qu'en restera-t-il dans quelques années?

104. Imaginons: la valorisation de tant d'efforts pourrait passer par la création d'un site internet spécifique — une minorité aurait les moyens d'y accéder et occasionnellement de l'enrichir. Pour la grande majorité des autres, on aurait une muséographie et/ou une scénographie itinérante, dont l'avantage serait de porter une mémoire vivante à ceux qui ne peuvent parcourir des centaines ou milliers de kilomètres, en même temps que de contrarier divers penchants nationaux à l'amnésie.

Annexes

Annexe 1.

Une logique touareg au Niger
Interview de Kristien Alfandjir, militant de l'UDPS/Amana
(Union pour la démocratie et le progrès social)

Votre parti était dans la coalition qui a porté Mahamane Ousmane à la présidence de la République en 1993. Après le coup d'État de 1996, vous avez reporté votre soutien sur son tombeur, l'actuel président Baré Maïnassara. Comment expliquez-vous ce revirement?

L'UDPS est un parti principalement touareg. Nous sommes avec Baré parce qu'aucune autre formation politique, depuis la Conférence nationale, n'a posé d'acte concret pour le règlement de la rébellion touareg. Il est vrai qu'un accord prévoyant une décentralisation poussée a été signé en avril 1995, avant donc son coup d'État, mais lui au moins a promis de le mettre en œuvre. La partie nigérienne s'est acquittée de ce qu'elle devait faire. Ce sont à présent les bailleurs de fonds qui traînent les pieds, et ce n'est pas dans notre intérêt.

Voulez-vous dire que vous travaillez à légitimer Baré de manière à financer une décentralisation qui, au demeurant, n'a pas l'agrément de toutes les factions de la rébellion?

Ce n'est pas seulement ça. Il faut d'abord se souvenir de la passivité du gouvernement de transition pendant les séquestrations massives, par la troupe, de nos camarades (y compris, à deux reprises, du ministre Mohamed Moussa, ancien président de l'UDPS), puis des disparitions qui ont continué après l'élection de Mahamane Ousmane. Ensuite, pour ce qui est de Baré, n'oubliez pas que presque tout le monde était avec lui au moment du coup d'État. Comme beaucoup d'autres, nous sommes allés le voir de notre plein gré. C'est quand s'est profilée sa propre candidature qu'il est devenu la bête noire. Mais nous, qui sommes sûrs de ne jamais avoir le pouvoir, nous avons choisi de rester avec lui.

Quitte à renoncer durablement à un régime démocratique ?

Mais il faudrait au préalable avoir une classe politique démocratique ! Où la voyez-vous ? Il faudra peut-être deux générations pour la créer. Nous restons empêtrés dans les difficultés créées par la Conférence nationale. Tout le monde y a participé en voulant défendre ses propres intérêts, et comme ces intérêts coïncidaient provisoirement avec un changement de régime, on s'est dit voilà, nous entrons en démocratie. Mais cela faisait beaucoup d'intérêts différents, personnels, partisans, contradictoires, beaucoup trop d'appétits aussi de la part des uns et des autres, pour que la démocratie puisse s'installer. Comment faites-vous une démocratie sans démocrates ? La faiblesse des partis politiques au Niger, c'est que chacun veut bien nouer et dénoncer des alliances quand ça l'arrange, mais jamais rendre des comptes. J'espère au moins faire comprendre la logique de notre soutien à Baré.

Ce soutien n'est pas partagé par l'ensemble de la communauté touareg...

Non, bien sûr. Il y a parmi nous des gens farouchement hostiles à Baré, mais ils n'ont pas de parti politique au sein du FRDD (Front pour la restauration de la démocratie et le développement, coalition de partis d'opposition). Nous, UDPS, nous essayons de tirer les leçons de notre histoire récente. Les Touaregs ont commis une erreur, le 15 mars 1976, en tentant un coup d'État contre Seyni Kountché, qui n'avait pas encore posé d'acte anti-touareg. Erreur aussi en 1985, avec la tentative de sédition à Tahoua, dont les trois principaux responsables (le capitaine Sidi Mohamed, Ahmed Mouddou et le commandant Moussa Bayéré) étaient Touaregs et ont été arrêtés et exécutés. Nous sommes minoritaires, nous n'aurons jamais le pouvoir, et il nous faut amener ceux qui l'exercent à composer avec nous.

Le général Baré courtise assidûment la chefferie traditionnelle qui, dans la communauté touareg en tout cas, est plutôt contestée. Comment appréciez-vous l'intention de votre allié de la faire siéger, avec un quota de positions réservées, dans les futures instances des communautés locales décentralisées ?

Pour comprendre le peu d'impact de la chefferie chez les Touaregs, il faut remonter dans l'histoire. Depuis deux siècles, le sultan d'Agadez est d'origine hausa, et c'est ainsi parce que les Touaregs ne s'entendaient pas sur une autre solution. Au départ, ils choisissaient un chef parmi eux, mais sa tribu s'arrogeait trop de pouvoir et ça se terminait par l'assassinat du chef. Puis ils ont essayé de le désigner dans une tribu de marabouts, qui ne participait donc pas à la guerre, et aurait ainsi moins de poids politique. Mais la charge de chef, s'ajoutant au teint généralement clair des marabouts, risquait justement d'accroître ce poids, et il y a eu refus. Face à ce vide de chefferie, Agadez, qui était alors dans l'empire ottoman, a demandé un fils du sultan d'Istanbul. Celui-ci a envoyé un fils illégitime, qu'il avait eu avec une esclave. On ne pouvait pas le renvoyer, mais on ne l'acceptait pas non plus. Il est allé se marier avec une Hausa, et l'actuel sultanat est né comme ça. La chefferie s'est standardisée sous la colonisation. Selon l'historien Djibo Hamani, ce sont les Hausas, en qui l'on avait déjà confiance dans les tractations commerciales, qui se sont proposés comme chefs. Le chef ne pourrait se marier qu'avec une femme hausa, pas avec une femme touareg qui donnerait un teint clair à ses enfants et risquerait ainsi de leur créer une base politique. Jusqu'à présent, le métissage entre cette chefferie et les Touaregs reste insignifiant. C'est pourquoi la chefferie n'inquiète pas, mais n'a pas non plus d'impact, a fortiori sur les rebelles et les intellectuels. Avec la décentralisation, il serait tout à fait normal que la chefferie disparaisse. Elle ne fait aboutir aucune doléance auprès de l'État, pas même les siennes. Il n'y a, de notre point de vue, aucune raison de lui allouer des quotas dans les instances de pouvoir local. Reste que la chefferie est plus influente dans le sud du pays, et que Baré aussi a sa logique. Les chefs traditionnels du sud sont une composante très importante du Conseil des Sages mis en place par Baré. Ils ne constituent pas une force homogène, mais participent ensemble à un système où il est très difficile de se démarquer publiquement. C'est le Conseil des Sages qui a proposé la nomination de Baré comme général et qui lui a demandé de se présenter à la présidentielle de 1996. Les chefs lui ont dit: «À quoi servirait-il que tu organises des élections sans être candidat? Les mêmes politiciens nous amèneraient la guerre civile».

Comment les changements politiques des années 1990 ont-ils affecté la chefferie?

Les chefs traditionnels ont de tout temps été avec les tenants du pouvoir central, sauf avec Mahamane Ousmane. Pourquoi? Parce que la chefferie et l'armée avaient été les deux cibles privilégiées de la Conférence nationale. Mahamane Ousmane n'a pu enrôler ni l'une ni l'autre. Même les chefs traditionnels hausas ont refusé de le soutenir. Il y a d'autre part une mutation moins conjoncturelle, amorcée au milieu des années 1980, c'est-à-dire à la fin du régime Kountché: à quelques exceptions près, les chefs traditionnels sont maintenant élus. À Tillabéri par exemple, ce sont neuf grands électeurs qui choisissent, et l'État est prié de se tenir à l'écart. Les chefs traditionnels restent bien des auxiliaires de l'État, mais, du coup, ils deviennent à leur tour des hommes politiques. Obligés de se montrer plus ouverts, et aussi plus attentifs aux demandes des uns et des autres, ils s'insèrent plus qu'avant dans le jeu des faveurs et des retours d'ascenseur.

La politisation des associations islamiques, très nette au début des années 1990, se fait aujourd'hui plus discrète. Partagez-vous la thèse d'un retrait du jeu politique ?

Il faut là encore remonter au régime Kountché, en l'occurrence à l'AIN (Association islamique du Niger), du reste seule admise à la Conférence nationale, qui le soutenait ouvertement. Cette association a éclaté et d'autres ont vu le jour. Elles étaient bien sûr polarisées, comme tout le monde à la même époque, entre la défense du pouvoir ou celle de l'opposition. Mais ces nouvelles associations s'étaient créées essentiellement sur des bases religieuses, en réaction justement à la compromission de l'AIN avec le pouvoir politique. En attestent, pendant la transition, leur campagne contre la laïcité de l'État, ou les violences entre Azalistes et Tidjanistes. On admet généralement aujourd'hui que leur incursion dans le champ politique appartient au passé, mais je ne le crois pas. À Zinder par exemple (région natale de Mahamane Ousmane), on prie souvent pour que Dieu punisse Baré. Dans certaines mosquées, les prêches sont des appels à peine voilés au soulèvement. Il y a quelque chose en ébullition, tout reste ouvert, d'autant que beaucoup de militants du FIS algérien se sont repliés sur le Niger. Les associations islamiques n'ont certes pas d'impact réel, sinon en gestation, ne serait-ce qu'en raison de l'antagonisme en leur sein : où l'une est, l'autre n'est pas. Mais la quasi-totalité d'entre elles s'est impliquée dans le jeu politique, et plutôt du côté du pouvoir. Simplement, les islamistes ont compris qu'il vaut mieux vivre cachés, afin de ne pas effriter leur pouvoir spirituel, et laisser à d'autres le soin d'avancer leurs ambitions de pouvoir politique. Elles continuent à mon sens de se politiser, mais plus patiemment, plus discrètement.

Propos recueillis à Niamey,
le 14 octobre 1998

Annexe 2.

Une trajectoire communiste au Bénin
Interview de Me Magloire Yansunnu, dirigeant du PCB
(Parti communiste du Bénin)

De l'ancien Parti communiste du Dahomey (PCD, clandestin) à l'actuel Parti communiste du Bénin (PCB), la légalisation n'a eu lieu qu'en 1994, soit trois ans après l'alternance électorale. Pourquoi si tard?

Parce que la répression anticommuniste, féroce sous Kérékou, a continué sous Soglo. Nous ne pouvions nous exposer outre mesure. De 1990 à 1995 — donc sous Soglo — la répression anticommuniste est restée brutale: emprisonnements arbitraires, tortures, procès iniques... Des militaires continuaient d'entrer dans les villages, et de faire battre les grands-pères par les petits-fils. Le 16 septembre 1990, un des nôtres, Sègla Kpomassi, a été fusillé au marché d'Azové, et un soi-disant «Plan de guerre du PCD» a été mis dans le slip de son cadavre. Soglo et son ministre de l'Intérieur Feliho avaient prévu de tuer quatre personnes ce jour-là. J'étais parmi les quatre.

Ces accusations ont en leur temps été publiées par la Ligue pour la défense des Droits de l'Homme (LDH), dont vous avez été président. N'y a t-il jamais eu de procès en diffamation?

Jamais. La LDH fait face à d'autres contraintes, comme l'ostracisme des bailleurs de fonds qui préfèrent généralement travailler à la bonne réputation du Bénin, autrement dit à leur auto-promotion, comme parties prenantes d'un retournement d'image. La LDH mentionne Soglo et Feliho comme commanditaires d'exécutions extra-légales, ce qui est rigoureusement exact. Nul n'oserait sérieusement nous le contester en justice.

Redoutez-vous toujours la répression?

Nous l'avons suffisamment subie pour rester prudents. C'est pourquoi nous maintenons, par exemple, une stricte confidentialité sur nos documents internes.

Quel rôle le PCD a-t-il joué dans la chute du premier régime Kérékou?

Nous avons d'abord suscité des mouvements de la petite bourgeoisie, qu'on propulsait au devant des luttes tout en les coordonnant, parfois à leur insu. Nous avons aussi mis sur pied, dans une clandestinité absolue, la CSTD (Centrale syndicale des travailleurs du Dahomey). Son implantation était trop intellectuelle, parmi les étudiants et les enseignants, ce qui n'était pas un mal en soi mais rebutait les masses, pour qui l'alignement majoritaire des intellos sur le système Kérékou était bien l'un des malheurs du pays. Ça ne marchait pas bien. Nous avons alors mis en place nos Comités de lutte, puis la Centrale nationale des travailleurs en 1988, qui a mené l'offensive. Nous avons adoubé tous les transfuges de l'USTB (Union syndicale des travailleurs du Bénin, centrale affiliée à l'ex-parti unique) qui se sont depuis lors dressés contre nous. Ils seraient encore sous notre coupe si nous n'avions commis des erreurs sur les hommes, et peut-être sur la rentrée dans la légalité. Mais notre force principale, dans la clandestinité, résidait dans nos Comités d'action.

C'est-à-dire?

Il s'agissait en quelque sorte de cellules, qui surveillaient la gestion et dénonçaient la corruption dans les entreprises, les administrations, les écoles, l'université, et même à la présidence de la République. Ça a commencé spontanément en 1988, un groupe s'est levé dans son entreprise et a signé «Comité d'action». Les Comités d'action de cette époque ont réussi à tenir en respect les CDR (Comités de défense de la révolution) de Kérékou. Les CDR étaient terrorisés, nous contrôlions des camps militaires, le pouvoir n'avait plus de renseignements: voilà ce qui a permis de l'encercler et de le faire tomber.

Pourquoi n'avez-vous pas participé à la Conférence nationale de 1990?

Parce que nous l'avons ressentie contre nous. Le pouvoir était dans la rue, nous représentions toutes les forces combattantes. La Conférence nationale ne représentait rien, il s'agissait de ne pas la cautionner. La fameuse lettre de la France à Kérékou, donnant les directives à suivre pour la Conférence nationale, nous l'avions interceptée, photocopiée et diffusée avant même que Kérékou ne la lise. Allez au marché Dantokpa, vous la trouverez encore pour 50 ou 100 FCFA. Nous avions toutefois une structure, la Convention du peuple, qui aspirait à la légalité mais qui n'a pas été invitée.

Avec un unique député élu en 1995, et le retour électoral de Kérékou en 1996, le PCB est-il devenu plus qu'une formation confidentielle parmi bien d'autres?

Il est vrai qu'avec 24 000 voix seulement aux dernières législatives, nous n'avons pas fait très fort. Le PCD n'a aujourd'hui qu'un seul député, qui a d'ailleurs surpris tout le monde en menant campagne à mobylette avec un chiffon rouge, le parti n'ayant pas d'argent à dépenser pour un drapeau. L'élection d'un deuxième député à Cotonou a été annulée. Nous ne nous sommes pas aperçus que les élections étaient fraudées. Mais peu importe: nous participons aux élections comme à un passage obligé, avant que les gens ne comprennent qu'elles ne mènent nulle part. Notre combat aujourd'hui est de faire reconnaître les Comités d'action, de les articuler à la Justice, aux audits de l'administration, à l'inspection des services...

Votre emphase anti-corruption rappelle le discours de la Banque mondiale sur la «bonne gouvernance», ça ne vous gêne pas?

Pour ne pas être allés à la Conférence nationale, notre avantage est de n'avoir rien de commun avec la classe politique qui a amené les Programmes d'ajustement structurel. Quant à la corruption, à partir du moment où ceux qui sont au pouvoir s'en nourrissent... Sur ce plan, rien n'a changé depuis 38 ans. Même nos alliés de la Renaissance du Bénin (RB, parti de Soglo) estiment que la reconnaissance des Comités d'action instaurerait la délation dans leurs rangs.

Comment vous vous êtes alliés à Soglo, que vous dénoncez par ailleurs comme tortionnaire?

À la fin du premier mandat Soglo, la France a menacé de faire élire Houngbédji, que nous connaissions comme membre du RPR français et d'abord comme fasciste dans le parti d'extrême-droite de Zinsou (président du Dahomey en 1968-69). Contre Houngbédji, financé par la France via Bongo et Eyadema, il valait mieux nous allier avec la bourgeoise libérale que nous affaiblir mutuellement. Après les législatives de 1995, Soglo est venu nous voir en nous proposant le ministère de la Justice. Le PCB a accepté à une condition: le départ de Feliho du ministère de l'Intérieur, parce que nous n'aurions pu travailler avec ce tortionnaire notoire. Quitte à donner l'Intérieur à n'importe qui d'autre, et même à recaser Feliho comme ministre d'autre chose. Cette condition n'a pu être remplie. Il y a néanmoins eu accord sur la présidentielle de 1996: le PCB a présenté son candidat au premier tour, puis s'est uni à Soglo au deuxième. Houngbédji ayant été battu, et la France se rabattant sur Kérékou au deuxième tour, Soglo restait notre meilleur choix. Depuis lors, on continue de se rencontrer.

Dans votre perspective, Soglo est ou était donc l'homme qui contrariait la France?

Pas seulement. On lui doit notamment la suppression des taxes civiques, qui avaient été sous Kérékou un fléau pour les paysans. Reste que la France ne l'aimait pas. Elle avait initialement applaudi le passage à la démocratie comme tous les autres bailleurs de fonds, les États-Unis, l'Allemagne... Mais il y a au Bénin un fort sentiment anti-français, bien compréhensible au regard des années de soutien de la France à Kérékou. Et Soglo est vite apparu pro-Washington. Washington par-ci, Washington par-là, il y avait même des sketches sur «Washington»! Pour notre part, nous reconnaissions Soglo comme patriote, jusque dans l'irrégularité. Un exemple: une société commerciale franco-hollandaise, WinBénin, avait investi plusieurs milliards pour créer des supermarchés avec un partenaire béninois. Le partenaire bénininois s'est mis à la gruger et s'est alors retrouvé au cœur d'un conflit judiciaire. Bien que le Béninois ait tort, et que la France ait dépêché des émissaires politiques, Soglo a fait pression sur la justice, contre le droit, jusqu'à ce que le Béninois l'emporte. Autre exemple: la société Saresco, qui contrôle les aéroports de Paris, avait une antenne à Cotonou, la Sadiv, quand un Béninois a voulu s'approprier toutes les boutiques hors-taxe. Des ministres français se sont joints au Pdg de Saresco pour le faire écarter. Dans l'irrégularité encore, Soglo a favorisé le Béninois. Sur les gros dossiers stratégiques, comme le pétrole ou le coton, Soglo n'a certes pas commis d'irrégularités. Mais il contrariait toujours les intérêts français. Politiquement, Soglo n'est pas fin. On se disait même qu'il était dangereux pour ses amis...

Propos recueillis à Cotonou,
les 6 et 7 août 1998

Annexe 3.

Un parcours syndical au Togo
Interview de Norbert Gbikpi,
secrétaire général de l'UNSIT
(Union nationale des Syndicats indépendants du Togo)

Syndicaliste, ancien prisonnier politique, délégué à la Conférence nationale puis membre du Haut conseil de la République pendant la transition formelle, votre parcours est associé depuis plus de vingt ans à la contestation du général Eyadema. Comment ce parcours a-t-il débuté?

J'ai été arrêté la première fois en 1977, en pleine psychose de l'invasion. Eyadema criait «Alerte aux mercenaires» dès qu'il sentait un souffle de contestation. Nul Togolais n'était censé se plaindre. Celui qui s'y risquait passait forcément, dans la logique du régime, pour un traître à la solde de l'étranger. Un grand coup de filet a eu lieu parmi les enseignants, les professions libérales, les fonctionnaires, en fait parmi les anciens étudiants. Nous tous avions fait du syndicalisme étudiant. Beaucoup avaient fait Poitiers, qui était alors une grande section de l'AESTF (Association des étudiants et stagiaires togolais en France). En avril de cette année 1977, un de nos gars qui devait récupérer une valise bourrée de tracts a été arrêté à Dakar. Eyadema était en visite. Le Sénégal de Senghor n'a pas hésité, il a embarqué notre gars dans l'avion d'Eyadema. Au retour, on l'a bien sûr torturé et il y a eu des arrestations en série. Je me suis retrouvé parmi les onze retenus comme ayant ourdi un complot. Un lieutenant m'interrogeait à la gégène alors que j'avais déjà dit tout ce que j'avais à dire. Il s'acharnait. Je n'avais plus rien à ajouter sous la torture. J'ai gardé le sentiment qu'elle était inutile. De là, un ressentiment très fort à l'égard du régime m'a animé.

S'agissait-il d'un épisode isolé?

Vous trouverez difficilement un Togolais qui n'ait pas, dans sa famille ou parmi ses proches, au moins une victime directe de la répression sous Eyadema.

Est-ce l'impasse du combat politique qui vous a redirigé sur le combat syndical?

Il ne faut pas voir, du moins au Togo, ces deux formes de lutte en termes différents, mais complémentaires. L'UNSIT est née en mai 1991, dans la mouvance de la revendication démocratique. Jusqu'en 1973, il y avait deux centrales, l'Union nationale des travailleurs du Togo (UNTT) et la Confédération syndicale des travailleurs du Togo (CSTT). On a prétendu qu'un décret de dissolution les avait frappées. C'est faux, même si de fait elles se sont dissoutes. La réalité est qu'en décembre 1992, leurs responsables ont été convoqués pour servir d' «ailes marchantes» au régime, comme les jeunes ou les chefs traditionnels, puis Eyadema a instauré la Confédération nationale (CNTT), qui est alors devenue la centrale officielle. Il subsistait néanmoins un syndicat enseignant autonome, le Syndicat national des enseignements technique, secondaire et supérieur (SNETTS) qui continua à opérer dans une situation juridique ambiguë. On l'appelait «le syndicat rebelle». Le coup de filet de 1977 a été double: contre les opposants politiques et contre les syndicalistes indépendants. J'ai aussi été arrêté à ce titre, avec trois autres dirigeants du SNETTS. Ce syndicat a hiberné jusqu'en 1991, puis sa revitalisation a servi de fer de lance à l'UNSIT.

Était-on déjà, dans le langage de l'époque, en pleine «contestation finale»?

La contestation était vieille. Sa dimension «finale» a débuté le 5 octobre 1990, à l'occasion du procès intenté par l'État contre deux gosses (Dossouvi Logo et Agbélenko Doglo), accusés d'avoir fabriqué et distribué des tracts hostiles au régime. Les jeunes étaient à la pointe du mouvement.

Les jeunes en général?

Les jeunes chômeurs ont pris les premiers risques, puis les apprentis. Les étudiants ont pris le train en marche, avec les associations de défense des droits de l'Homme. Puis les syndicats s'y sont mis. On a lancé la grève illimitée...

Cette grève, début 1991, paraissait en mesure d'éjecter Eyadema. Pourquoi s'est-elle arrêtée au bout de six jours?

Elle s'est arrêtée quand Eyadema a accepté le principe d'une Conférence nationale. Il ne voulait à l'époque pas lui donner ce nom-là, pour ne pas faire de «suivisme», disait-il, après le Bénin, mais surtout pour éviter qu'elle se déclare souveraine. Il préférait envisager un «Forum national». Quand il s'est résolu à parler de Conférence nationale, on pensait avoir gagné une bataille décisive.

Comment les syndicats autonomes ont-ils participé à la Conférence nationale?

Nous nous sommes donné une structure *ad hoc*, le Collectif des syndicats indépendants (CSI) pour ne pas laisser la CNTT parler seule au nom des travailleurs. Mais on ne se concentrait pas spécialement sur les revendications des travailleurs, plutôt sur le pluralisme syndical.

Pourquoi?

La dimension politique l'emportait de toute façon. La grande lutte, c'était pour la démocratie, c'est-à-dire, dans le contexte togolais, pour le départ d'Eyadema.

La Conférence nationale s'est tenue, s'est déclarée souveraine, mais Eyadema est toujours là...

Le gros problème, fondamental au Togo, c'est l'armée. Tous le reste s'y rattache. Quand l'armée a claqué la porte de la Conférence nationale, plus rien ne pouvait aboutir.

Quand vous dites «l'armée», vous la considérez en bloc derrière Eyadema?

Toute l'armée n'est pas derrière lui, on le vérifiera notamment en mars 1993, avec une attaque commando contre sa résidence, suivie par une terrible purge. Je parle du cœur opérationnel de l'armée, des jeunes recrues qui y sont versées hors des procédures normales. Ce sont massivement des Kabyé, l'ethnie d'Eyadema, encadrés par des officiers de Pya, son village. Pour la galerie, Eyadema parle d'une «partie incontrôlée de l'armée» mais c'est bien là son noyau opérationnel. Tous les militaires ne sont pas avec lui, pas plus que tous les Kabyé. D'ailleurs, tous les militaires n'ont pas de munitions ou pas les bonnes: certains ont des munitions israéliennes qui ne vont pas avec leurs armes tchèques. L'armée togolaise est considérée comme la mieux équipée de la sous-région, mais les moyens les plus terrifiants sont toujours réservés au noyau opérationnel.

C'est ce noyau qui a enlevé le Premier ministre Koffigoh?

Oui, le 3 décembre 1991. Les militaires l'ont capturé, l'ont humilié et l'ont suffisamment effrayé pour qu'il commence à composer avec Eyadema. Le CSI, qui aurait dû se dissoudre après la Conférence nationale, avait été reconduit. Il a déposé un nouveau préavis de grève générale. Koffigoh, chef théorique de l'exécutif, n'osait déjà plus prendre ses responsabilités. Il nous a emmenés voir Eyadema, qui voulait une commission mixte, gouvernement et syndicats, pour étudier le problème de la sécurité. Nous voulions, nous, y associer les partis politiques. Eyadema a dit non, il avait de toute façon choisi la stratégie de la terreur. La commission n'a jamais été mise en place.

Vous étiez alors membre du Haut conseil de la République, le parlement de transition?

On travaillait sous une menace constante, un chantage permanent. La transition formelle devait en principe se solder, le 28 août 1992 au plus tard, par une nouvelle constitution et des élections libres. Plus on approchait de cette échéance, plus le régime perpétrait des assassinats. Le 5 mai 1992, sur la route de Bafilo à Soudou, il y a eu le mitraillage du convoi de Gilchrist Olympio, tête de file de l'Union des forces du changement (UFC). L'attentat a fait plusieurs morts, dont le Dr Atidepe, qui était membre du HCR, et Gilchrist a été grièvement blessé. Fin juillet 1992, il y a eu l'assassinat de Tavio Amorin, lui aussi membre du HCR et président de sa Commission des affaires politiques et des droits de l'Homme. Par la terreur, on voyait bien qu'Eyadema recherchait deux choses: éliminer les opposants les plus radicaux, et empêcher les autorités de transition de tenir le calendrier prévu par la Conférence nationale. De là, il aurait pu constater un «vide juridique» et reprendre le contrôle du pays de manière «non illégale». En août, l'opposition a finalement accepté une modification des textes fondamentaux de la Conférence nationale, prorogeant alors la transition, mais redonnant déjà à Eyadema une partie de ses anciennes prérogatives. Koffigoh était reconduit à son poste de Premier ministre avec un nouveau gouvernement, où les partisans d'Eyadema étaient cette fois majoritaires.

Mais les coups de force n'ont pas cessé...

Le 22 octobre 1992 à 10 heures, les militaires sont arrivés au HCR et nous ont pris en otages. Leur objectif était officiellement de faire lever le gel décidé par la Conférence nationale sur les avoirs de l'ex-parti unique. Ils voulaient récupérer «leurs» cotisations, disaient-ils. En fait, tous les travailleurs avaient cotisé au parti unique, de gré ou de force, par des retenues à la source. Mais les militaires voulaient aussi nous rabaisser. En octobre 1991 déjà, occupant la radio d'État, ils nous insultaient sur les ondes et nous traitaient de «Hauts cons» de la République. Cette fois, ils ont installé Mgr Kpodzroh (qui avait présidé la Conférence nationale) en plein soleil. Ils nous ont tous interdit d'aller aux toilettes. Quand ils nous ont libérés, le 23 à 9 heures, après une série de bastonnades, ils avaient réussi à «négocier» la levée du gel sur les cotisations. Je dis bien «négocier» entre guillemets parce que nous avions la mitraillette dans le dos. L'armée était fière d'humilier les élus de la transition.

Le CSI a alors lancé une nouvelle grève illimitée...

On a commencé, le 26 octobre, par une grève de 72 heures. L'exigence n'avait pas changé, on revendiquait les conditions de sécurité nécessaires à une vie politique normale. La grève générale illimitée a été lancée le 16 novembre, de manière un peu précipitée.

Précipitée?

Il faut comprendre que notre pratique syndicale était «détournée» par le mouvement démocratique. Ce n'est pas une critique, puisqu'on s'y prêtait de notre plein gré. L'idée d'une grève illimitée était populaire, beaucoup d'opposants voulaient y voir un moyen de chasser Eyadema à l'usure. Il y avait en fait une tendance lourde, au sein du mouvement démocratique, à rivaliser de radicalisme.

Qu'entendez-vous par radicalisme?

Un radicalisme au moins verbal. Les grands moyens étaient toujours les plus populaires. C'était le côté défoulement de la Conférence nationale qui continuait. Mais c'était aussi devenu un jeu démagogique auquel beaucoup d'opposants n'osaient pas résister, par peur de ne pas paraître assez braves. Notre problème, comme syndicats, est que nous n'avions encore aucune compétence particulière pour tenir dans la durée. La première grève illimitée qu'on avait lancée, celle de 1991, avait duré moins d'une semaine. En outre, des protocoles de négociation se mettaient en place avec l'opposition, on aurait pu se contenter d'une grève d'un mois et demi, jusqu'au 31 décembre, nouveau terme prévu de la transition.

La terreur a de toute façon continué...

Le 25 janvier 1993, une mission ministérielle franco-allemande (le ministre français de la Cooopération et le secrétaire d'État allemand aux Affaires étrangères) devait être reçue au HCR pour aider à un dénouement politique. L'opposition avait préparé une manifestation monstre. Tout le monde était en blanc, couleur chez nous de la joie, de la victoire. Des dizaines de milliers de manifestants portaient un bandeau ou un foulard blanc, chacun avait un cierge à la main. L'armée a chargé. Elle embarquait les cadavres par pleins camions. Les jours suivants, les Loméens ont érigé des barricades. Le 30 et le 31, l'armée a engagé une nouvelle escalade, elle tirait partout. C'était une panique terrible. Un demi-million de personnes (la moitié de la population de

Lomé) a pris la fuite vers le Ghana, le Bénin ou les villages au fin fond du pays.

Comment s'est poursuivie la grève?

Nous étions tous essoufflés. Eyadema n'était pas mécontent de voir l'économie du pays à genoux, ça lui permettait d'accuser la démocratisation de tous les maux. Finalement, le 11 juillet, le régime et l'opposition ont signé les accords dits de Ouaga, qui permettaient en principe d'aller aux élections. Chacun en a ensuite fait ce qu'il a voulu, et Eyadema a organisé son retour à sa guise (la présidentielle boycottée d'août 1993). Mais sur le coup, ces accords donnaient un signal. Le CSI s'est réuni en Assemblée générale au Bénin, le 22 juillet, et a décidé de suspendre la grève à compter du 2 août. Le fait de se réunir au Bénin montrait bien que le problème de la sécurité n'était pas résolu. La grève était seulement suspendue, pas arrêtée. Jusqu'à présent, elle reste seulement suspendue.

Qu'est devenu le CSI?

Il s'est dissout après cette Assemblée générale. Chaque centrale s'est mise à fonctionner par elle-même. C'était le début d'une nouvelle phase, dominée par les problèmes d'organisation.

Comment, à l'UNSIT, les rapports entre pratique politique et pratique syndicale ont-ils évolué depuis lors?

Beaucoup de responsables syndicaux ont été victimes d'exécutions extra-judiciaires après la grève illimitée. Ont-ils été assassinés comme syndicalistes ou comme opposants? Tant que le problème politique ne sera pas réglé, on ne saura pas qui est avec qui. Tout reste en état de fermentation. Le Conseil national du patronat, par exemple, avait soutenu la grève de 1992-93 avant d'adopter, avec la reprise en main d'Eyadema, un profil plus bas. Mais les patrons voient bien que leurs affaires ne marchent toujours pas. Nos syndicats de base dans le privé continuent souvent de marcher, politiquement, avec eux. On sent beaucoup de patrons soucieux de ne pas faire mauvaise mine aux syndicats, du moins dans le cadre de la lutte démocratique. Eyadema se maintient au pouvoir, mais sur une pente savonneuse qui le pousse inexorablement vers la sortie. Nous construisons notre expérience dans un contexte dominé par sa capacité de nuisance, qui reste énorme. L'affiliation de l'UNSIT à la Confédération internationale des syndicats libres (CISL) nous aide à nous préparer aux grandes batailles syndicales à venir. Nous sommes conscients qu'elles n'ont pas encore commencé, ni au pays, ni en amont sur les questions décisives de la dette, de l'ajustement ou de la mondialisation. Nous restons également conscients que ces batailles ne démarreront pas avant le départ d'Eyadema, et nous continuons d'œuvrer à activer cette condition nécessaire.

Nous sommes en juillet 1998 aux lendemains immédiats d'une nouvelle «victoire électorale» d'Eyadema manifestement truquée. Le visiteur ne peut être que frappé par la présence en kiosque d'une presse extrêmement haineuse, rappelant les médias du génocide rwandais...

Ces journaux sont effectivement des répliques togolaises de la tristement célèbre Radio des Mille Collines au Rwanda. La grande différence cependant, est qu'ils restent ici très confidentiels. Vous les trouvez maintenant en kiosque parce qu'ils s'emploient à installer une lecture ethnique du dernier scrutin présidentiel, de manière à disqualifier une lecture politique, qui demeure bien sûr la seule valable, mais montre trop l'impopularité du régime. Il s'agit pour eux d'installer la psychose d'un génocide, qui serait en l'occurrence préparé par les gens du Sud, *grosso modo* associés à Gilchrist Olympio et donc à l'opposition politique, contre les gens du Nord, c'est-à-dire, toujours de façon générale, contre Eyadema et ses partisans. C'est une logique qui prétend placer les ressortissants du Nord en position défensive. Dans cette logique, les ressortissants du Nord seraient menacés et toute «autodéfense» serait légitime. Toujours dans cette logique, les pages les plus haineuses sont aujourd'hui réservées à l'Allemagne, dont le «tort» fondamental reste d'avoir dénoncé le dernier hold-up électoral, et que ces journaux stigmatisent comme «spécialiste du génocide» œuvrant aux malheurs du peuple togolais. Mais vous trouverez difficilement quelqu'un qui les lit. Ils arrêteront d'ailleurs de paraître dès que la condamnation internationale du dernier hold-up électoral s'estompera un peu, puis reparaîtront à la prochaine échéance. Ils constituent en fait un baromètre des peurs d'Eyadema. Ce qu'ils montrent le mieux, c'est l'état d'esprit d'Eyadema et de ses partisans, leur crainte de représailles...

Propos recueillis à Lomé,
les 31 juillet, 1 et 2 août 1998.

Bibliographie

Abdoul, Mouhamadou, 1996, «Les communes dans le processus démocratique: la quête difficile d'un pouvoir local effectif en Mauritanie», *Africa Development*, 21 (4), pp. 75-92.

Abdourhamane, Boubacar Issa, 1996, *Crise institutionnelle et démocratisation au Niger*, Talence, CEAN, 119 p.

Abrahamsen, Rita, 2000, *Disciplining Democracy: Development Discourse and Good Governance in Africa*, Londres, Zed Books, xv-168 p.

Adamon, Afize D., 1994, *Le Renouveau démocratique au Bénin. La Conférence nationale des forces vives et la période de transition*, Paris, L'Harmattan, 223 p.

--- 1995, *Le Renouveau démocratique au Bénin. Les élections de la période de Transition*, Porto-Novo, Editions du Journal Officiel de la République du Bénin, 183 p.

ADDVAR (Alliance pour la défense des droits des victimes de l'arbitraire du régime), 1991, *Déclaration de l'ADDVAR à la Conférence nationale souveraine*, présentée par M. Kouevi Hippolyte Ayitegan, Lomé, brochure, 74 p.

Adesina, Jimi O., 1993, «Le discours sur la gouvernance en Afrique: critique et anticritique», *Bulletin du CODESRIA*, 2, pp. 23-27.

Adjaho, I.M., ed., 1993, *Le procès Amadou Cissé*, Cotonou, ONEPI, 284 p.

Adjaho, Richard, 1992, *La faillite du contrôle des finances publiques au Bénin, 1960-1990*, Cotonou, Les Editions du Flamboyant, 206 p.

Adjamagbo-Johnson, Kafui, 1997, «Le politique est aussi l'affaire des femmes», *Politique africaine*, 65, pp. 62-73.

Adji, Souley, 1991, *Logiques socio-communautaires et loyautés politiques en Afrique : essai d'analyse de la construction de l'État au Niger*, thèse, sociologie, Université de Bordeaux II, 379 p.

Adjovi, Emmanuel, 1998, *Une élection libre en Afrique. La présidentielle du Bénin (1996)*, Paris, Karthala, 181 p.

Adjovi, Séverin V., 1992, *De la dictature à la démocratie sans les armes*, Paris, Club Perspectives 99, 352 p.

AFCA (Alliance des forces de changement pour l'alternance) et BRC (Bloc républicain pour le changement), 1998, «Lettre à Monsieur Jacques Chirac, Président de la République française» dénonçant les pratiques électorales frauduleuses du PS sénégalais, 17 septembre, publiée dans *Sud Quotidien* (Dakar) du 29 septembre, pp. 1-4.

Africa Demos, 1991, «Phases of Transition to Democracy», 1 (2), p. 7.

--- 1992, «Introducing the Quality of Democracy Index», 2 (3), pp. 8-9.

Agboyibo, Yawovi, 1999, *Combat pour un Togo démocratique: une méthode politique*, Paris, Karthala, 213 p.

Agence nigérienne de presse, 1992, *Conférence nationale du Niger du 29 juillet au 3 novembre 1991: sélection des dépêches ANP*, Niamey, 77 p.

Ahipeaud, Martial Joseph, 1992, «Les étudiants et les élèves dans la transition politique ivoirienne», conférence du CODESRIA sur *Démocratie et droits de l'Homme en Afrique: facteurs internes et externes*, Harare, 11-14 mai, 23 p.

Ahonto, Lucien, 1998, «Le zouglou, c'est pas du pipeau!», *L'Autre Afrique*, 23 septembre, pp. 58-59.

Akam, Melvin, 1996, «Niger. L'ingérence de l'armée dans la démocratie», *Le Messager africain* (Douala), avril, pp. 26-27.

Ake, Claude, 1991, «Rethinking African Democracy», *Journal of Democracy*, 2 (1), pp. 32-44.

--- 1993a, «The Unique Case of African Democracy», *International Affairs*, 69 (2), pp. 239-244.

--- 1993b, «What is the Problem of Ethnicity in Africa?», *Transformation*, 22, pp. 1-14.

--- 2000, *The Feasibility of Democracy in Africa*, Dakar, CODESRIA, 207 p.

Akindès, Francis, 1996, *Les mirages de la démocratie en Afrique subsaharienne francophone*, Dakar, CODESRIA, 246 p.

Alao, Sadikou Ayo, 1990, «Droits de l'Homme et démocratie comme condition de l'aide au développement», 16 p. in *Recueil des études GERDDES*, tome 1, Cotonou.

--- 1994, «Elections and Electoral Systems in the Democratisation Process in Africa», pp. 159-178 in O. Omoruyi *et al.*, eds., *Democratisation in Africa. African Perspectives*, vol. 1, Benin City, Hima & Hima.

--- 1998, «Le pouvoir n'a pas l'apanage de la tricherie», interview, *Jeune Afrique Economie*, 5 octobre, pp. 126-128.

ALF (Africa Leadership Forum), 1993, *Sustainment of Democratization and Good Governance in Africa. Challenges of Leadership in Democracy and Good Governance in Africa*, rapport de deux conférences du Africa Leadership Forum, Cotonou, 5-6 octobre 1992, et Nairobi, 10-12 mars 1993, Abeokuta, ii-115 p.

Alfandjir, Kristien, 1992, *L'évolution politique du Niger de 1987 à nos jours: dossier documentaire*, mémoire de fin d'études, bibliothéconomie, Niamey, Institut de formation aux techniques de l'information et de la communication, 143 p.

Allison, Lincoln, 1994, «On the Gap Between Theories of Democracy and Theories of Democratization», *Democratization*, 1 (1), pp. 8-26.

Amalou, Florence, 1998, «Le Togo fait appel à Euro RSCG (Havas Advertising) pour sa campagne présidentielle», *Le Monde*, 16 juin, p. 21.

Amnesty International, 1993, *Togo. Les forces armées tuent impunément*, AI Index AFR 57/13/93, 5 octobre, 21 p.

Anyang' Nyong'o, Peter, 1988a, «Political Instability and the Prospects for Democracy in Africa», *Africa Development*, 13 (1), pp. 71-86.

--- 1988b, «A Rejoinder to the Comments on Democracy and Political Instability», *Africa Development*, 13 (3), pp. 83-87.

--- ed., 1987, *Popular Struggles for Democracy in Africa. A Long March*, Londres, Zed, xiii-288 p., trad. française 1988: *Afrique: la longue marche vers la démocratie. État autoritaire et résistances populaires*, Paris, Publisud, Dakar, Forum du Tiers monde, Tokyo, Université des Nations unies, 252 p.

ARD Inc., 1997, *Macro évaluation de la gouvernance au Bénin. Analyse et recommandations*, rapport établi pour la Commission européenne et l'USAID, mai, 64 p.

ASSANDEP (Association des anciens détenus politiques et victimes de la répression au Bénin), 1990, *Le Livre blanc sur la torture au Bénin 1972-1990*, Cotonou, brochure, 126 p.

--- 1991, «Appel à tout véritable démocrate et aux honnêtes gens», Cotonou, 31 mars, reproduit pp. 173-176 in A. D. Adamon, 1995, *Le Renouveau démocratique au Bénin. Les élections de la période de Transition*, Porto-Novo, Ed. du JORB.

Asso, Bernard, 1976, *Le chef d'État africain: l'expérience des États africains de succession française*, Paris, Albatros, 382 p.

Assoumou Ndoutoume, D., 1993, *Du Mvett: l'orage, processus de démocratisation conté par un diseur de Mvett*, Paris, L'Harmattan, 219 p.

Ayélé-Kponton, Ginette, 1994, «Rôle et activités politiques des femmes du Sud du Togo dans la décolonisation (1946-1960)», *Cahiers du CRA*, 8, pp. 53-68.

Ayeni, Victor, 1993, «The Executive Presidency as Concomitant of Multipartyism in Africa: An Assessment», *Indian Journal of Political Science*, 54 (2), pp. 161-193.

Ayittey, George B.N., 1990, «La démocratie en Afrique précoloniale», *Afrique 2000*, 2, pp. 39-75.

Ba, Aboubakry, 1997, *Guide du parlementaire guinéen*, Dakar, Ed. Démocraties africaines, 91 p.

Ba, Iba, 1993, «Conférence nationale. L'appel pressant de Landing», *Sud Quotidien* (Dakar), p. 1.

Ba, Oumar Moussa, 1998, «The State, Elites and Ethnic Conflict in Mauritania», pp. 234-258 in O. Nnoli, ed., *Ethnic Conflicts in Africa*, Dakar, CODESRIA.

Baduel, Pierre Robert, 1993, «Chronique mauritanienne 1990-1991. De la répression à l'esquisse d'une transition démocratique ou des capacités d'adaptation d'un régime autoritaire», *Annuaire de l'Afrique du Nord*, CNRS Editions, pp. 887-932.

Bah, Mamadou Sanoussi et Mamadou Dian Diallo, 1993, *Situation des droits de la personne et de la démocratie en Guinée-Conakry*, Conakry, rapport de consultation pour le Centre canadien d'études et de coopération internationale, 69 p.

Bailly, Diégou, 1995, *La réinstauration du multipartisme en Côte d'Ivoire, ou la double mort d'Houphouët-Boigny*, Paris, L'Harmattan, 282 p.

Bakary, Tessy, 1991, «Au Bénin, les premiers pas d'un groupe panafricain d'observation des élections», *Géopolitique africaine*, 14, pp. 53-60.

--- 1992, «Pour une approche non partisane de la démocratie en Afrique», *Afrique 2000*, 9, pp. 27-35.

--- 1998, «La démocratie en Afrique: l'ère post-électorale?», *Bulletin du CODESRIA*, 3-4, pp. 9-15.

--- 1999, «Transition politique et succession en Côte d'Ivoire», pp. 103-138 in M.-C. Diop et M. Diouf, eds, *Les figures du politique en Afrique. Des pouvoirs hérités aux pouvoirs élus*, Dakar, CODESRIA, Paris, Karthala.

Bako-Arifari, Nassirou, 1999, «Traditional Local Institutions, Social Capital and the Process of Decentralisation», Berlin, Das Arabische Buch, Working Papers on African Societies (38), 28p.

--- 2000, «La mémoire de la traite négrière dans le débat politique au Bénin dans les années 1990», *Journal des Africanistes*, 70 (1-2), pp. 221-231.

Banégas, Richard, 1993, «Les transitions démocratiques, mobilisation collective et fluidité politique», *Cultures et conflits*, 12, pp. 105-140.

--- 1995, « Mobilisations sociales et oppositions sous Kérékou », *Politique africaine*, 59, pp. 25-44.

Banégas, Richard et Patrick Quantin, 1996, «Orientations et limites de l'aide française au développement démocratique: Bénin, Congo et République centrafricaine», *Canadian Journal of Development Studies*, numéro spécial, pp. 113-133.

Bangura, Yusuf, 1992, «Authoritarian Rule and Democracy in Africa», pp. 69-104 in L. Rudebeck, ed., *When Democracy Makes Sense: Studies in the Democratic Potential of Third World Popular Movements*, Uppsala, AKUT.

Banque mondiale, 1989, *L'Afrique subsaharienne. De la crise à une croissance durable*, Washington D.C., Banque mondiale, xvi-346 p.

Bari, Nadine, 1994, *Chroniques de Guinée : essai sur la Guinée des années 1990*, Paris, Karthala, 176 p.

Barry, Aïssatou, 1993, *Qui sont-ils? Ces hommes qui veulent nous gouverner*, Conakry, Imprima, 155p.

Bathily, Abdoulaye, 1994, «The West African State in Historical Perspective», pp 41-74 in E. Osaghae, ed., *Between State and Civil Society in Africa*, Dakar, CODESRIA.

Bathily, Abdoulaye, Mamadou Diouf et Mohamed Mbodj, 1995, «The Senegalese Student Movement from its Inception to 1989», pp. 369-408 in M. Mamdani et E. Wamba-dia-Wamba, eds, *African Studies in Social Movements and Democracy*, Dakar, CODESRIA.

Bayart, Jean-François, 1983, «La revanche des sociétés africaines», *Politique africaine*, 11, pp.95-128.

--- 1989, *L'État en Afrique. La politique du ventre*, Paris, Fayard, 439 p.

--- 1991, «La problématique de la démocratie en Afrique noire. 'La Baule et puis après'?», *Politique africaine*, 43, pp. 5-20.

Bayart, Jean-François, Achille Mbembe et Comi Toulabor, 1992, *Le politique par le bas en Afrique noire. Contributions à une problématique de la démocratie*, Paris, Karthala, 268p.

Bayart, Jean-François, Peter Geschiere et Francis Nyamnjoh, 2001, «Autochtonie, démocratie et citoyenneté en Afrique», *Critique internationale*, 10, pp. 177-194.

Bazin, Jean et Emmanuel Terray, eds, 1982, *Guerres de lignages et guerres d'État en Afrique*, Paris, Editions des Archives contemporaines, 537 p.

Beckman, Björn, 1993, «The Liberation of Civil Society: Neo Liberal Ideology and Political Theory», *Review of African Political Economy*, 58, pp. 20-33.

Beetham, David et Consortium européen de recherches en sciences politiques, eds, 1994, *Defining and Measuring Democracy*, Londres, Sage, viii-228 p.

Béridogo, Bréhima, 1998, «Compétition des acteurs sociaux pour le contrôle du pouvoir et des ressources dans la commune rurale de Zégoua (Mali) », *Bulletin de l'APAD*, 16, pp. 99-111.

Biagiotti, Isabelle, 1995, «Afrique, droits de l'homme, démocratie et conditionnalité: éléments des discours allemands», pp. 203-215 in *L'Afrique politique 1995*, Talence, CEAN.

Bickford, Kathleen, 1994, «The ABC's of Cloth and Politics in CDI», *Africa Today*, 41 (2), pp. 5-24.

Bierschenk, Thomas, 1994, «La démocratie au village: État, démocratisation et 'politique par le bas' au Bénin», 12 p. in *Les effets socio-politiques de la démocratisation en milieu rural au Bénin. Résultats de recherche*, tome 1, Stuttgart, Universität Hohenheim.

Bierschenk, Thomas et Roch Mbongo, eds, 1995, «Le Bénin», dossier, *Politique africaine*, 59, pp. 2-120.

Bierschenk, Thomas et Jean-Pierre Olivier de Sardan, eds, 1998, *Les pouvoirs au village. Le Bénin rural entre démocratisation et décentralisation*, Paris, Karthala, 293 p.

Bigo, Didier, 1992, «The Lebanese Community in the Ivory Coast: A Non-Native Network at the Heart of Power?», pp. 509-530 in A. Hourani et N. Shehadi, eds, *The Lebanese in the World*, Londres, Tauris.

--- 1993, «La délégitimation des pouvoirs entre politique du ventre et démocratie», pp. 155-163 in G. Conac, ed., *L'Afrique en transition vers le pluralisme politique*, Paris, Economica.

Bobbio, Norberto, 1998, *L'État et la démocratie internationale. De l'histoire des idées à la science politique*, Bruxelles, Complexe, 278 p.

Bodin, Michel, 1999, «La contribution africaine aux armées européennes, du début du XXe siècle aux années soixante», *Guerres mondiales et conflits contemporains*, 196, pp. 23-35.

Bourdieu, Pierre, 1994, *Raisons pratiques. Sur la théorie de l'action*, Paris, Seuil, 254 p.

Boye, Abd El Kader, 1988, «La crise des institutions», *Sud Hebdo* (Dakar), 27 octobre, p. 2 et 24 novembre, pp. 1, 3 et 6.

Bratton, Michael et Nicolas van de Walle, 1997, *Democratic Experiments in Africa. Regime Transitions in Comparative Perspective*, Cambridge, Cambridge University Press, 307 p.

Broomh, Nicoué K, 1994, «Pouvoir politique, territoires polyethniques et renouveau démocratique en Afrique», *Annales de l'Université du Bénin* (Lomé), Série Lettres, t. 14, pp. 103-117.

Buijtenhuijs, Rob, 1992, «Les hauts et les bas du politique par le bas», *Politique africaine*, 46, pp. 150-153.

Buijtenhuijs, Rob et Elly Rijnierse, 1993, *Démocratisation en Afrique au Sud du Sahara 1989-1992 : un aperçu de la littérature*, Leiden, Afrika Studie Centrum, Research Report (52), 95 p.

Buijtenhuijs, Rob et Céline Thiriot, 1995, *Démocratisation en Afrique au Sud du Sahara 1992-1995 : un bilan de la littérature*, Leiden, Afrika Studie Centrum, Talence, CEAN, 217 p.

CADV (Comité d'action contre la démagogie et la violence), 1993, *Gilchrist Olympio : 'Leader politique' ou chef terroriste ?*, brochure en couleur élaborée par la mouvance présidentielle togolaise, sl, 16 p.

Carter Center of Emory University, 1989, *Beyond Autocracy in Africa. Working Papers from the Inaugural Seminar of the Governance in Africa Program*, 1989, Atlanta, 17-18 février, 151 p.

--- 1990, *African Governance in the 1990s: Objectives, Resources and Constraints. Working Papers from the Second Annual Seminar of the African Governance Program*, 1990, Atlanta, 23-25 mars, 210 p.

Castoriadis, Cornelius, 1975, *L'institution imaginaire de la société*, Paris, Seuil, 503 p.

CATR (Comité d'action contre le tribalisme et le racisme), 1991, *Le tribalisme dans l'armée. Communication présentée à la Conférence Nationale* par Ayayi Togoata Apédo-Amah, brochure, Lomé, 10 p.

CERDES (Centre d'études et de recherche sur la démocratie et le développement), Coalition mondiale pour l'Afrique, Africa Leadership Forum, 1997, *Le processus démocratique malien de 1960 à nos jours*, Bamako, Donniya, 218 p.

CERDET (Centre d'études et de recherches sur la démocratie pluraliste dans le Tiers monde), 1986, «Manifeste du CERDET», Dakar, novembre, publié en extraits dans la revue *Actualité de la démocratie dans le Tiers monde*.

--- 1991, «Lettre aux lecteurs: Démocratie majoritaire et démocratie consensuelle», *Actualité de la démocratie dans le Tiers monde*, 1, pp. 5-17.

Chabi, Maurice, 1994, *Banqueroute, mode d'emploi. Un marabout dans les griffes de la maffia béninoise*, Cotonou, Ed. Gazette-livres, 223 p.

Chatterjee, Partha, 1993, *The Nation and its Fragments. Colonial and Postcolonial Histories*, Princeton, Princeton University Press, 282 p.

Chole, Eshetu et Jibrin Ibrahim, eds., 1995, *Democratisation Processes in Africa. Problems and Prospects*, Dakar, CODESRIA, 147 p.

CINERGIE, 1993, *West African Long Term Perspectives Study (Etude des perspectives à long terme de l'Afrique de l'Ouest)*, Abidjan, CINERGIE, Paris, Club du Sahel, Ouagadougou, CILSS, plusieurs documents.

Clark, John F., 1994, «The National Conference as an Instrument of Democratization in Francophone Africa», *Journal of Third World Studies*, 11 (1), pp. 304-335.

Clauzel, Jean, 1992, «L'administration coloniale française et les sociétés nomades dans l'ancienne Afrique occidentale française», *Politique africaine*, 46, pp. 99-116.

CMA (Coalition mondiale pour l'Afrique), 1993, *Democracy and Democratization in Africa. Final Report*, La Haye, Institute of Social Studies, 126 p.

CNDH (Commission nationale des Droits de l'Homme), Groupe initiatives droits de l'Homme, Ligue togolaise des droits de l'Homme, 1993, *Togo, la stratégie de la terreur: 3 ans de violation des Droits de l'Homme (1990-1993)*, édition bilingue français-anglais, sl, brochure, 64 p.

Codo, Coffi Bellarmin, 1978, *La presse dahoméenne face aux aspirations des 'évolués'. La Voix du Dahomey (1927-1957)*, thèse d'histoire, Université Paris VII, 434 p.

Collectif, 1993, *Le Procès crimes de sang*, Bamako, Jamana, brochure, 74 p.

Comité central du parti de la révolution populaire du Bénin, Comité permanent de l'Assemblée nationale révolutionnaire, Conseil exécutif national, 1989, «Communiqué final de la Session conjointe spéciale», annonçant la séparation du Parti et de l'État et la convocation d'une Conférence nationale, Cotonou, 7 décembre, 5 p.

Commission centrale des chrétiens catholiques du Niger, 1991, *Contribution des catholiques nigériens à la Conférence nationale*, Niamey, Imprimerie Issa Béri, 40 p.

Commission d'enquête indépendante sur la mort de Norbert Zongo, 1999, *Rapport final*, Ouagadougou, texte intégral sur le site http://www.rsf.fr

Condé, Alpha, 1992, «La Guinée a besoin d'une Conférence nationale», interview, *Sud Hebdo* (Dakar), 27 mai, p. 8.

Conférence nationale du Mali, 1991a, «État de la nation. Rapport de la sous-commission spéciale Crimes de sang, Crime économique et Problème du Nord», Bamako, 2-5 août, 10 p.

--- 1991b, «État de la nation. Rapport de la sous-commission Monde rural», Bamako, 3-5 août, 13p.

--- 1991c, «Rapport de la commission Charte des partis», Bamako, 9 août, 15 p.

Cooper, Frédérick, 2001, «Le concept de mondialisation sert-il à quelque chose? Un point de vue d'historien», *Critique internationale*, 10, pp. 101-124.

Coronel, Michael A. et Patricia Crane Coronel, 1994, «Arts and Politics», *Africa Today*, 41 (2), pp.3-4.

Coulibaly, Tiémoko, 1995, «Démocratie et surenchères identitaires en Côte d'Ivoire», *Politique africaine*, 58, pp. 143-150.

Coulon, Christian, 1988, «Senegal: The Development and Fragility of a Semi-Democracy», pp.141-178 in L. Diamond, J. J. Linz et S. M. Lipset, eds, *Democracy in Developping Countries*, vol. 2, *Africa*, Boulder, Lynne Rienner, Londres, Adamantine Press.

Cour constitutionnelle du Bénin, 1996, «Communiqué de la Cour constitutionnelle» prenant l'opinion à témoin des pressions exercées sur elle par le candidat Soglo entre les deux tours de la présidentielle de 1996, 29 mars, publié dans *Le Matin* (Cotonou) du 30 mars, pp. 4-5.

Crook, Richard C. et James Manor, 1998, *Democracy and Decentralisation in South Asia and West Africa*, Cambridge, Cambridge University Press, 335 p.

Crouzel, Ivan et Boubacar Issa Abdourahmane, 1997, «Présence africaine dans *Politique africaine*?», *Politique africaine*, 65, pp. 140-145.

CRRDPAF (Coalition pour ramener à la raison démocratique la politique africaine de la France), 1994, *Mise en examen de la politique africaine de la France*, Biarritz, 8-9 novembre, plusieurs documents multigr. (repris pour l'essentiel in Agir ici et Survie, 1995, *L'Afrique à Biarritz*, Paris, Karthala, 170 p.)

Daff, Moussa, 1996, «Réglage de sens du concept 'démocratie' au Sénégal», *Politique africaine*, 64, pp. 31-40.

Dahl, Robert, 1971, *Polyarchy: Participation and Opposition*, New Haven, Yale University Press, 267p.

d'Almeida-Ekué, Silivi, 1992, *La révolte des Loméennes. 24-25 janvier 1933*, Lomé, Nouvelles Editions du Togo, 166 p.

d'Almeida-Topor, Hélène, Catherine Coquery-Vidrovitch, Odile Goerg et Françoise Guitart, 1992, *Les jeunes en Afrique*, tome 2, *La politique et la ville*, Paris, L'Harmattan, 525 p.

Daloz, Jean-Pascal, ed., 1999, *Le (non-) renouvellement des élites en Afrique subsaharienne*, Talence, CEAN, 231 p.

d'Ans, André Marcel, 1995, *Langage et politique. Les mots de la démocratie dans les pays du Sud de l'espace francophone*, Paris, Didier Erudition, 334 p.

de Benoist, Joseph Roger, 1992, «Le multipartisme en Afrique occidentale française de 1944 à 1960», *Alternative démocratique dans le Tiers monde*, 3-4-5, pp. 19-98.

Degboe, Kouassi A., 1995, *Elections et réalités sociologiques au Bénin*, Cotonou, Intermondes, 80 p.

Degli, Jean Yaovi, 1996, *Togo: la tragédie africaine. Les espoirs déçus d'un peuple*, Ivry-sur-Seine, Nouvelles du Sud, 262 p.

Desouches, Christine, 1983, *Le Parti démocratique sénégalais. Une opposition légale en Afrique*, Paris, Berger-Levrault, 241 p.

de Souza, Isidore, 1996a, «Au Bénin chacun ne pense qu'à ses intérêts», interview (prise de position anti-Soglo entre les deux tours de l'élection présidentielle de mars 1996), *La Croix* (Paris), 6 mars et *Le Matin* (Cotonou), 12 mars, p. 2.

--- 1996b, «L'Afrique est déçue par la démocratie», interview (prise de position anti-Soglo entre les deux tours de l'élection présidentielle de mars 1996), *Jeune Afrique*, 13 mars et *Le Matin* (Cotonou), 15 mars, p. 3.

Diabaté, Henriette, 1975, *La marche des femmes sur Grand-Bassam*, Abidjan, NEA, 63 p.

--- 1991, «The Process of Nation and Constitution-Building in Côte d'Ivoire», pp. 169-176 in I. G. Shivji, ed., *State and Constitutionalism. An African Debate on Democracy*, Harare, SAPES.

Diallo, Tidiane (pseudonyme d'un futur ministre de la transition malienne), 1988, «Pouvoirs et marabouts en Afrique de l'Ouest», *Islam et sociétés au sud du Sahara*, 2, pp. 7-10.

Diamond, Larry, Juan J. Linz et Seymour Martin Lipset, eds, 1988, *Democracy in Developing Countries*, vol. 2, *Africa*, Londres, Adamantine, xxvii-314 p., refondu avec *Politics in Developing Countries. Comparing Experience with Democracy* (1990, Boulder et Londres, Lynne Rienner, 503 p.) et diffusé en trad. française par les Centres culturels américains: *Les pays en développement et l'expérience de la démocratie*, slnd (1993), Nouveaux horizons, 718 p.

Diao, Djibril, 1997, «Travailleurs ruraux du Fleuve Sénégal. Naissance d'un syndicat», interview, *Grain de Sel*, octobre, pp. 12-13.

Diarrah, Cheick Oumar, 1991, *Vers la Troisième République du Mali*, Paris, L'Harmattan, 233 p.

Diarrah, Seydou Mamadou dit Totoh, 1996, *Le mouvement démocratique malien. L'itinéraire de l'ADEMA-PASJ. Origine et parcours*, Bamako, Graphique Industrie, 241 p.

Diaw, Aminata, 1992, «La démocratie des lettrés», pp. 299-329 in M.-C. Diop, ed., *Sénégal. Trajectoires d'un État*, Dakar, CODESRIA.

Diawara, Mahamadou, 1996, «Mouvement associatif et transformations du champ politique», pp. 229-246 in R. Otayek, F.M. Sawadogo et J.-P. Guingané, eds, *Le Burkina entre révolution et démocratie (1983-1993)*, Paris, Karthala.

Dieng, Amady Aly, 1992, «Les partis politiques et la démocratie en Afrique noire», 7e Assemblée générale du CODESRIA (*Le processus de démocratisation en Afrique: problèmes et perspectives*), Dakar, 10-14 février, 24 p.

--- 1995, «The Political Context of Structural Adjustment in Africa», pp. 104-115 in T. Mkandawire et A. Olukoshi, eds, *Between Liberalisation and Oppression. The Politics of Structural Adjustment in Africa*, Dakar, CODESRIA.

Dieppedalle, Valérie, 1994, *Les conférences nationales en Afrique noire*, thèse, science politique, Université d'Aix-Marseille III, 259 p.

Diop, Abdel Kader, 1991, *Samizdat n° 1. Lettre ouverte aux Afro-staliniens*, Dakar, 18 septembre, 4 p.

Diop, Momar-Coumba et Mamadou Diouf, 1999, «Sénégal: Par delà la succession Senghor-Diouf», pp. 139-188 in M.-C. Diop et M. Diouf, eds, *Les figures du politique en Afrique. Des pouvoirs hérités aux pouvoirs élus*, Dakar, CODESRIA, Paris, Karthala.

Diouf, Mamadou, 1993, «Les intellectuels africains face à l'entreprise démocratique. Entre la citoyenneté et l'expertise», *Politique africaine*, 51, pp. 35-47.

--- 1994, «L'échec du modèle démocratique du Sénégal, 1981-1993», *Afrika Spectrum*, 29 (1), pp.47-64.

--- 1996, «Urban Youth and Senegalese Politics: Dakar 1988-1994», *Public Culture*, 8 (2), pp.225-249.

--- 1998, *Libéralisations politiques ou transitions démocratiques: perspectives africaines*, Dakar, CODESRIA, 91 p.

--- ed., 1999, *L'historiographie indienne en débat. Colonialisme, nationalisme et sociétés postcoloniales*, Paris, Karthala, Amsterdam, Sephis, 494 p.

Djibo, Hadiza, 2001, *La participation des femmes africaines à la vie politique. Les exemples du Sénégal et du Niger*, L'Harmattan, 419 p.

Djibo, Tahirou, 1993, *The African Military in National Conferences, a Challenge to National Security: The Case of Niger*, Carlisle Barracks, U.S. Army War College, 36 p.

Djimé, Hamadou, 1997, *L'aube des démocraties. La chute de Moussa Traoré*, Bamako, Imprimerie Mounkoro, 221 p.

Dorce, Frédéric, 1995, «Chirac-Compaoré: reconnaissance de la France», *Jeune Afrique Economie*, août, pp. 48-51.

Dossou, Robert, 1993, «Le Bénin: du monolithisme à la démocratie pluraliste, un témoignage», pp.179-197 in G. Conac, ed., *L'afrique en transition vers le pluralisme politique*, Paris, Economica.

du Bois de Gaudusson, Jean, Gérard Conac et Christine Desouches, eds, 1997 et 1998, *Les Constitutions africaines publiées en langue française*, tome 1, *Algérie à Madagascar*, 452 p., tome 2, *Mali à Tunisie*, 458 p., Paris, La documentation française, Bruxelles, Bruylant.

East, Roger et Tanya Joseph, eds, 1993, *Political Parties of Africa and the Middle East: A Reference Guide*, Harlow, Longman, 372 p.

Eboussi Boulaga, Fabien, 1993, *Les Conférences nationales en Afrique noire, une affaire à suivre*, Paris, Karthala, 229 p.

--- 1995, «Le modèle américain et la démocratisation en Afrique», *Terroirs*, 2, pp. 18-33.

Ellis, Stephen, 1993, «Power and Rumour in Togo», *Africa: Journal of the International African Institute*, 63 (4), pp. 462-77.

Engberg-Pedersen, Lars, 1995, *Creating Local Democratic Politics from Above. The 'Gestion des Terroirs' Approach in Burkina Faso*, Londres, IIED, Drylands Programme Issue Paper, 32 p.

Ernfors, Rúnar Fr., ed., 1993, *Ethnicity and Democracy. An Annotated Bibliography with a Focus on Africa*, Stockholm, Social Anthropology Institute, 390 p.

États généraux pour le changement démocratique, 1993, «Déclarations», série de tracts, Conakry, septembre à décembre.

Etounga Manguelle, Daniel, 1991, *L'Afrique a-t-elle besoin d'un programme d'ajustement culturel?*, Ivry-sur-Seine, Nouvelles du Sud, 154 p.

Evêques du Bénin, 1989, *Lettre pastorale des évêques du Bénin pour le carême de l'an de grâce 1989: Convertissez-vous et le Bénin vivra*, Cotonou, février, Imprimerie Notre-Dame.

Evêques du Mali, 1991, «La lettre des évêques de l'église catholique au Mali aux communautés catholiques et à tous les Maliens de bonne volonté», *Cauris* (Bamako), février-mars, pp. 3-7.

Fall, Yassine, 1997, «Gender Relations in the Democratization Process: An Analysis of Agrarian Policies in Africa», *Issue*, 25 (2), pp. 8-11.

FAP (Forces armées populaires du Bénin), 1990, «Contribution des forces armées populaires à la Conférence nationale», pp. 117-125 in Fondation Friedrich Naumann, ed., *Les Actes de la Conférence nationale*, Cotonou, ONEPI, 1994.

Fay, Claude, 1995, «La démocratie au Mali, ou le pouvoir en pâture», *Cahiers d'études africaines*, 137, pp. 19-53.

FLAM (Forces de libération africaines de Mauritanie)-Section Europe, 1990, «Déclaration des FLAM», dénonçant la vague d'arrestations de Négro-Mauritaniens suite à la découverte d'un complot, Paris, 12 décembre, 6 p.

Fleischman, Janet, 1994, *Mauritania's Campaign of Terror: State-Sponsored Repression of Black Africans*, Washington D.C., Human Rights Watch, 157 p.

Fondation Friedrich Ebert, 1994, *Le programme des partis politiques au Bénin: colloque tenu à l'hôtel PLM Alédjo, 10 mars 1994*, Cotonou, 475 p.

Fondation Friedrich Ebert, Centre d'études et de recherche pour la démocratie et le développement économique et social, Institut africain pour la démocratie, 1996, *Le rôle des commissions électorales indépendantes: expériences en Afrique de l'Ouest*, 1996, Bamako, Fondation F. Ebert, 162 p.

Fondation Friedrich Naumann, ed., 1993, *Les Actes de la transition au Bénin (1990-1991)*, Cotonou, ONEPI, 9 tomes.

--- ed., 1994, *Les Actes de la Conférence nationale (Cotonou, du 19 au 28 février 1990)*, Cotonou, ONEPI, 226 p.

Fottorino, Eric, 1997, «France-Afrique, les liaisons dangereuses», *Le Monde*, 22 juillet, pp. 10-11 («1. L'aventure ambigüe d'un empire en usufruit»); 23 juillet, p. 11 («2. Les désillusions de Jean-Pierre Cot»); 24 juillet, p. 14 («3. La démocratie à contre-cœur»); 25 juillet, p. 9 («4. Dans le piège rwandais»); 26 juillet, p. 9 («5. Une amitié dévaluée»).

Foucher, Michel, 1991, *Fronts et frontières. Un tour du monde géopolitique*, 2e éd. revue et augmentée, Paris, Fayard, 691 p.

Founou-Tchuigoua, Bernard, 1989, «La crise des finances publiques et la dénationalisation de l'État: le cas du Mali», *Afrique et développement*, 14 (3), pp. 19-41.

Frère, Marie-Soleil, 2000, *Presse et démocratie en Afrique francophone. Les mots et les maux de la transition au Bénin et au Niger*, Paris, Karthala, 544 p.

Fyle, C. Magbaily, 1994, «Indigenous Political Culture and Democratization in Upper Guinea», *Afrika Zamani*, nouvelle série (2), pp. 99-108.

Gally, Djovi, 1990, «L'indépendance de la magistrature, ciment de la démocratie américaine», conférence au Centre culturel américain de Lomé, 4 décembre.

Gandou, Zakara, 1995, *Les impacts de la tenue de la Conférence nationale souveraine sur l'évolution socio-politique du Niger*, mémoire de maîtrise, science juridique, Niamey, Université Abdou Moumouni Dioffo, 40 p.

Ganne, Bernard et Moussa Ouédraogo, 1996, «Filières commerçantes et évolutions politiques: chassés-croisés à Ouahigouya», pp. 211-228 in R. Otayek, F.M. Sawadogo et J.-P. Guingané, eds, *Le Burkina entre révolution et démocratie (1983-1993)*, Paris, Karthala.

Gardinier, David E., 1997, «The Historical Origins of Francophone Africa», pp. 9-22 in J. F. Clark et D. E. Gardinier, eds, *Political Reform in Francophone Africa*, Boulder, Westview.

Gbagbo, Laurent, 1983, *Côte d'Ivoire. Pour une alternative démocratique*, Paris, L'Harmattan, 177 p.

Gbégnonvi, Roger, 1995, «La corde nouvelle réunie à l'ancienne et autres indices de mort dans nos sociétés», *La Nation* (Cotonou), 14 mars, pp. 2, 7 et 12.

--- 1996, «Le vodun disqualifié», *Le Citoyen* (Cotonou), 19 août, pp. 6-7 et 9.

Geisler, Gisela, 1993, «Fair? What Has Fairness Got to Do With It? Vagaries of Election Observations and Democratic Standards», *Journal of Modern African Studies*, 31 (4), pp.613-637.

Gérard, Etienne, 1997, «La lettre et l'individu. Marginalisation et recherche d'intégration des 'Jeunes Diplômés' bamakois au chômage», pp. 203-248 in A. Marie, ed., *L'Afrique des individus*, Paris, Karthala.

GERDDES-Afrique-CIRD (Groupe d'étude et de recherche sur la démocratie et le développement économique et social, Centre international de recherche sur la démocratie et le développement), 1994, *Journée de réflexion sur les 'crises institutionnelles au Bénin'. 11 novembre 1994, Cotonou. Rapport général*, Cotonou, 34 p.

--- 1996, *Les Actes du séminaire «Processus démocratique et élections pluralistes en Afrique de l'Ouest et du Centre: Bilan et perspectives»*. Cotonou, 26-28 septembre 1996, Cotonou, 123 p.

Gervais-Lambony, Philippe, 1994, «Lomé: troubles politiques et images de la ville», pp. 119-130 in *L'Afrique politique 1994*, Talence, CEAN, Paris, Karthala.

Geschiere, Peter, 1990, «Le politique en Afrique: le haut, le bas et le vertige», *Politique africaine*, 39, pp. 155-160.

GF2D (Groupe femmes démocratie et développement), 1997, *Homme ou femme, la vie de la nation c'est mon affaire*, Lomé, brochure, 106 p.

Ghai, Yash, 1991, «The Role of Law in the Transition of Societies: The African Experience», *Journal of African Law*, 35 (1-2), pp. 8-20.

Gibbon, Peter, 1993, «The World Bank and the New Politics of Aid», *European Journal of Development Research*, 5 (1), pp. 35-62.

Gibbon, Peter, Yusuf Bangura et Arve Ofstad, eds, 1992, *Authoritarianism, Democracy and Adjustment. The Politics of Economic Reform in Africa*, Uppsala, Nordiska Afrikainstitutet, 236 p.

Glickman, Harvey, ed., 1992, *Political Leaders of Contemporary Africa South of the Sahara: A Biographical Dictionary*, Westport, Grenwood, xxii + 361 p.

Gomis, Etienne Sidy, 1994, «Trois saisons politiques en Afrique», courrier de lecteur à *Sud Quotidien* (Dakar), non publié, 5 janvier, 5 p.

Goudjo, Raymond B., 1997, *La liberté en démocratie: l'éthique sociale et la réalité politique en Afrique*, Berne, P. Lang, 281 p.

Grégoire, Emmanuel, 1994, «Démocratie, État et milieux d'affaires au Niger», *Politique africaine*, 56, pp. 94-107.

Grégoire, Emmanuel et Jean-Pierre Olivier de Sardan, 1996, «Niger: le pire a été évité, mais demain?», *Politique africaine*, 61, pp. 117-121.

Gros, Jean-Germain, 1998, «Les relations franco-africaines à l'âge de la globalisation», *Revue Africaine de Sociologie*, 2 (?), pp. 1-19.

Guèye, Sémou Pathé, 1995, «Partis politiques et démocratie», 8e Assemblée générale du CODESRIA (*Crises, conflits et mutations: réactions et perspectives africaines*), Dakar, 26 juin-2 juillet, 21 p.

--- 1997, «La sphère publique et la démocratie délibérative», *Bulletin du CODESRIA*, 4, pp. 34-41.

Guirma, Frédéric, 1991, *Comment perdre le pouvoir? Le cas de Maurice Yaméogo*, Paris, Chaka, 156 p.

Gu-Konu, Emmanuel, 1992, «Espace, démocratie, Droits de l'Homme et développement en Afrique de l'Ouest», conférence du CODESRIA sur *Démocratie et droits de l'Homme en Afrique: facteurs internes et externes*, Harare, 11-14 mai, 8 p.

Habermas, Jürgen, 1996, «The European Nation-state – Its Achievements and Its Limits. On the Past and Future of Sovereignty and Citizenship», pp. 281-294 in G. Balakrishnan, ed., *Mapping the Nation*, Londres, Verso, New York, New Left Review.

--- 2000, *Après l'État-nation. Une nouvelle constellation politique*, Paris, Fayard, 151 p.

Hamani, Djibo, 1997, «Question ethnique et réalité historique: quelques mises au point», *Démocraties Africaines*, 12, pp. 26-30.

Hamidou, Magassa, 1996, «La crise de la société malienne: une alternative», *Afrique et Développement*, 21 (2-3), pp. 141-158.

Hamza, Salamatou, 1995, «Les élections législatives de novembre 1990 en Côte d'Ivoire: essai de géographie électorale», mémoire de maîtrise, géographie, Québec, Université Laval, 75 p.

Heilbrunn, John R., 1993, «Social Origins of National Conferences in Benin and Togo», *Journal of Modern African Studies*, 31 (2), pp. 277-299.

---- 1997, «Togo: The National Conference and Stalled Reform», pp. 225-245 in J.F. Clark et D.E. Gardinier, eds, *Political Reform in Francophone Africa*, Boulder, Westview.

Hermet, Guy, 1989, *Le peuple contre la démocratie*, Paris, Fayard, 310 p.

Hesseling, Gertie, 1996, «La réception du droit constitutionnel en Afrique trente ans après: quoi de neuf?», pp. 33-47 in C. M. Zoethout, M. E. Pietermaat-Kros, P. W. C. Akkermans, eds, *Constitutionalism in Africa. A Quest for Autochtonous Principles*, Rotterdam, International Association of Constitutional Law.

Hodonou, Djimon Alphonse, 1993, *Le Bénin et l'enjeu démocratique africain. Lettres de Montgeron*, Cotonou, Editions ABM, 243 p.

Hofmeister, Wilhelm et Ingo Scholz, eds, 1997, *Formes traditionnelles et contemporaines de participation locale et d'autonomie en Afrique*, Johannesburg, Fondation Konrad Adenauer, 489 p.

Hountondji, Paulin, 1990, «Recherche et extraversion: éléments pour une sociologie de la science dans les pays de la périphérie», *Africa Development*, 15 (3-4), pp. 149-158.

--- 1993, «Conférences nationales en Afrique: sens et limite d'un modèle», *Revue de l'Institut Catholique d'Afrique de l'Ouest*, 4, pp. 19-29.

--- 1995, «L'effigie d'un roi... ne saurait être un symbole républicain», interview, *Le Matin* (Cotonou), 28 décembre, pp. 1, 4-5, 8.

Hugon, Philippe, 1993, «Les effets des politiques d'ajustement sur les structures politiques africaines», pp. 89-107 in G. Conac, ed., *L'Afrique en transition vers le pluralisme politique*, Paris, Economica.

Hutchful, Eboe, 1998, «Military Issues in the Transition to Democracy», pp.599-617 in E. Hutchful et A. Bathily, eds, *The Military and Militarism in Africa*, Dakar, CODESRIA.

Ibrahim, Jibrin, 1992, «From Political Exclusion to Popular Participation: Democratic Transition in Niger Republic», pp. 51-68 in B. Caron, A. Gboyega et E. Osaghae, eds., *Democratic Transition in Africa*, Ibadan, CREDU.

--- 1994, «Political Exclusion, Democratization and Dynamics of Ethnicity in Niger», *Africa Today*, 41 (3), pp. 15-40.

--- ed., 1997, *Expanding Democratic Space in Nigeria*, Dakar, CODESRIA, xi-278 p.

Ibrahim, Jibrin et·Abdoulaye Niandou Souley, 1998, «The Rise to Power of an Opposition Party: The MNSD in Niger Republic» , pp. 144-170 in A. O. Olukoshi, ed., *The Politics of Opposition in Contemporary Africa*, Uppsala, Nordiska Afrikainstitutet.

IDEA (International Institute for Democracy and Electoral Assistance), 1999, *Voter Turnout from 1945 to 1998. A Website on Global Political Participation*, http://www.idea.int/turnout

--- 1998, *La démocratie au Burkina Faso*, Stockholm, IDEA, 182 p.

INADES (Institut africain pour le développement économique et social), 1992, *Actes du colloque international sur Démocratie et développement en Afrique, Bingerville, 20-22 juillet 1992*, Abidjan, INADES-Formation, 52 p.

--- 1994, *Démocratie et développement: bibliographie commentée*, Abidjan, INADES, 29 p.

Institut Panos, 1998, *Les médias contribuent-ils au développement, à la démocratie et à la citoyenneté au Sénégal?*, Dakar, brochure, 44 p.

Institut Panos et Centre Djoliba, 1995, *Quel État de droit au Mali? Texte du débat public contradictoire face à la presse*, Bamako, brochure, 41 p.

Institut Panos, Union des journalistes de l'Afrique de l'Ouest, Société des éditeurs de presse, 1991, *Presse francophone d'Afrique: vers le pluralisme*, Paris, L'Harmattan, 280 p.

Iroko, Félix, 1994, «Dimension religieuse de la Conférence nationale béninoise de février 1990», colloque du CERGEP sur *Le processus démocratique en Afrique susbsaharienne (1990-1994): bilans et perspectives*, Libreville, 12-14 octobre, 8 p.

Joseph, Richard, ed., sd (1996), *African Democratic Perspectives: Evaluative Essays on Africa Demos*, sl, African State and Democracy Program, Occasional Publications (1), 125 p.

Juripole de Lorraine, 1995, *Les ombudsmän. Compte rendu de la Première rencontre Europe/Afrique des Médiateurs nationaux (Paris, 17 mars)*, http://juripole.u-nancy.fr/Mediateur/1995/embudoman.html

Kä, Mana, 1991, *L'Afrique va-t-elle mourir? Bousculer l'imaginaire africain. Essai d'éthique politique*, Paris, Ed. du Cerf, 226 p.

Kaba, Lansiné, 1986, «Power and Democracy in African Tradition: The Case of Songhay, 1464-1591», pp. 95-102 in D. Ronen, ed., *Democracy and Pluralism in Africa*, Boulder, Lynne Rienner.

--- 1991, «Constitutionalism in Guinea under the Military», pp. 211-216 in I.G. Shivji, ed., *State and Constitutionalism. An African Debate on Democracy*, Harare, SAPES.

--- 1995, *Lettre à un ami sur la politique et le bon usage du pouvoir*, Paris, Présence africaine, 181 p.

Kabeya-Muase, Charles, 1989, *Syndicalisme et démocratie en Afrique noire. L'expérience du Burkina Faso 1936-1988*, Abidjan, INADES, Paris, Karthala, 252 p.

Kabou, Axelle, 1991, *Et si l'Afrique refusait le développement?*, Paris, L'Harmattan, 208 p.

Kadja Mianno, Daniel, 1985, «La démocratie dans les sociétés traditionnelles et dans les nouveaux États africains: recherche pour une autre voie de l'auto-développement», *Kasa Bya Kasa: Revue ivoirienne d'anthropologie et de sociologie*, 5, pp. 1-31.

Kane, Ousmane et Leonardo Villalon, 1995, «Entre confrérisme, réformisme et islamisme. Les Mustarshidîn du Sénégal. Analyse et traduction commentée du discours électoral de Moustapha Sy et réponse de Abdou Aziz Sy junior», *Islam et sociétés au Sud du Sahara*, 9, pp. 119-201.

Kanté, Babacar, 1989, «Le Sénégal, un exemple de continuité et d'instabilité constitutionnelle», *Revue juridique, politique et économique du Maroc*, 22, pp. 145-160.

--- 1996, «Le constitutionnalisme à l'épreuve de la transition démocratique», pp. 17-32 in C.M. Zoethout, M.E. Pietermaat-Kros, P.W.C. Akkermans, eds, *Constitutionalism in Africa. A Quest for Autochtonous Principles*, Rotterdam, International Association of Constitutional Law.

Kasfir, Nelson, 1976, *The Shrinking Political Arena. Participation and Ethnicity in African Politics with a Case Study of Uganda*, Berkeley, University of California Press, xvi-323 p.

--- 1992, «Popular Sovereignty and Popular Participation: Mixed Constitutional Democracy in the Third World», *Third World Quarterly*, 13 (4), pp. 587-605.

Kassé, Moustapha, 1991, *Démocratie et développement*, Dakar, NEAS-CREA, 102 p.

Kaviraj, Sudipta, 1995, «La démocratie comme langue du politique en Inde», *Les Cahiers du CERI*, 13, 53 p.

Kenneth, H., 1993, «Position de Paris sur les élections au Togo: Eyadema soutenu pour services rendus», *Courrier du Golfe* (Cotonou), 11 octobre, p. 4.

Kérékou, Mathieu, 1990, «Discours d'ouverture de la Conférence nationale des forces vives de la Nation», Cotonou, 19 février, pp. 14-21 in Fondation Friedrich Naumann, ed., *Les Actes de la Conférence nationale*, Cotonou, ONEPI, 1994.

Kiemdé, Paul, 1992, «Le bicamélarisme en Afrique et au Burkina Faso», *Revue burkinabé de droit*, 21, pp. 23-50.

--- 1996, «Réflexions sur le référendum constitutionnel et les élections présidentielles et législatives de 1991 et 1992», pp. 353-370 in R. Otayek, F.M. Sawadogo et J.-P. Guingané, eds, *Le Burkina entre révolution et démocratie (1983-1993)*, Paris, Karthala.

Ki-Zerbo, Joseph, 1994, «The Need for Creative Organizational Approaches», pp. 26-38 in M. Diouf et M. Mamdani, eds, *Academic Freedom in Africa*, Dakar, CODESRIA.

Koffi, Kodjo, 1994, «Violence spontanée et violence politique: pour une histoire de la violence urbaine à Lomé», pp. 295-315 in I.O. Albert *et al.*, *Urban Management and Urban Violence in Africa*, Ibadan, IFRA.

--- 1998, «Les élections au Togo. Cinquante ans de passions politiques», *Afrique contemporaine*, 185, pp. 35-52.

Koffi, Tiburce, 1999, «Pauvre Afrique! Pauvre Côte d'Ivoire! Lettre ouverte au président de la République», *Le Jour* (Abidjan), 30 avril, pp. 1-3.

Koffigoh, Joseph Kokou, 1992a, *Le nouveau contrat social pour une transition pacifique. Programme minimum de gouvernement pour sauver la démocratie* (défendu le 30 décembre 1991 par le Premier ministre devant le Haut Conseil de la République), brochure, sl, Imprimerie Image, 30 p.

--- 1992b, «Le mandat limité du Premier ministre: 'Je voudrais qu'on m'oublie un peu'», interview, *Jeune Afrique*, 30 avril, pp. 129-133.

Konaré, Adam Bâ, 1991, «Rôle et image de la femme dans l'histoire politique du Mali (1960-1991). Perspectives pour une meilleure participation de la femme au processus démocratique», atelier du CODESRIA sur *Gender Analysis and African Social Science*, Dakar, 16-20 septembre, 31 p.

Konaté, Yacouba, 1996, «Elections générales en Côte d'Ivoire. Grandeur et misère de l'opposition», *Politique africaine*, 64, pp. 122-128.

Koné, Souleymane T., 1998, «Les partis politiques et la démocratie au Mali», *Afrique et Développement*, 23(2), pp. 185-208.

Konté, Amina, 1997, «Et si l'Afrique refusait cette démocratie-là?», *Afriques Libertés*, 2, pp. 13-28.

Kotoudi, Idimana, 1993, *Transition à la nigérienne: récit*, Niamey, Nouvelle imprimerie du Niger, 135 p.

Kouassi, Umar (pseudonyme du secteur africain de la IVe Internationale), 1992, *Afrique noire, les enjeux sociaux de la lutte pour la démocratie*, 16 p., supplément à *Imprecor*, 14 février.

Kourouma, Malamine, 1994, «Les conseils économiques et sociaux dans les présidentialismes d'Afrique noire», *Revue juridique et politique, Indépendance et coopération*, 48 (3), pp. 292-308.

Kpatindé, Francis, 1988, «Sénégal: la démocratie en danger?» (où l'auteur, non-Sénégalais, raconte comment il a pu voter à l'élection présidentielle du 28 février avec une fausse carte d'électeur), *Jeune Afrique*, 9 mars, pp. 17-19.

Kumado, Kofi, ed., 1997, *Financement des partis politiques en Afrique de l'Ouest*, Accra, Commission électorale du Ghana, Fondation Friedrich Ebert, 306 p.

Lachenmann, Gundrun, 1993, «Civil Society and Social Movements in Africa: the Case of the Peasant Movement in Senegal», *European Journal of Development Research*, 5 (2), pp. 68-100.

Lalinon Gbado, Béatrice, 1991, *En marche vers la liberté*, tome 1, *Bénin: passage d'un régime autoritaire à un État de droit (mai 1985-février 1990)*, Porto-Novo, CNPMS, rééd. 1998: Cotonou, Ruisseaux d'Afrique, 128 p.

--- 1996, *En marche vers la liberté*, tome 2, *Bénin: la période transitoire (février 1990-avril 1991)*, Cotonou, Ruisseaux d'Afrique, 143 p.

L'Autre Afrique, 1997, «Pourquoi nos opposants sont si mauvais», dossier, 20 août, pp. 10-23, suivi de «Pourquoi nos opposants sont si mauvais (2). Ils se défendent», 19 novembre, pp. 8-17.

Le Meur, Pierre-Yves, Thomas Bierschenk et Anne Floquet, 1998, «L'État est-il soluble dans la société civile? Le Bénin rural avant la décentralisation», *Bulletin de l'APAD*, 16, pp. 19-40.

Le Roy, Etienne, 1993, «La démocratie pluraliste face à l'obstacle des présidentialismes africains francophones. De Dakar à Abidjan ou les leçons des années 1988 à 1990», pp. 129-138 in G. Conac, ed., *L'Afrique en transition vers le pluralisme politique*, Paris, Economica.

Lefort, Claude, 1999, «L'invention du politique», interview, *Sciences Humaines*, 94, pp. 38-41.

Lemarchand, René, 1992a, «African Transitions to Democracy. An interim (and mostly pessimistic) Assessment», *Africa Insight*, 22 (3), pp. 178-185.

--- 1992b, «Uncivil States and Civil Societies: How Illusion Became Reality», *Journal of Modern African Studies*, 30 (2), pp. 177-191.

Lettre ouverte au président Moussa Traoré par des Maliens de divers milieux socio-professionnels, 7 août 1990, publiée le même jour par *Les Echos* (Bamako), reproduite pp. 147-149 in S.M. Diàrrah Totoh, *Le mouvement démocratique malien*, Bamako, Graphique Industrie, 1996.

Lévy, Jacques, 1994, *L'espace légitime. Sur la dimension géographique de la fonction politique*, Paris, Presses de la FNSP, 442 p.

Lida Kouassi, Moïse, 1997, «Armées nationales et ethnicité en Afrique», pp. 45-50 in GERDDES-Afrique, *Le rôle des forces armées africaines dans le processus démocratique en Afrique. Les Actes du séminaire régional de Ouagadougou, 2-4 juillet 1997*, Cotonou.

LDH (Ligue pour la défense des droits de l'Homme au Bénin), 1991a, «Adresse au peuple béninois et à tous les hommes épris de liberté à propos de l'immunité absolue accordée à M. Mathieu Kérékou», sl, avril, 3 p.
--- 1991b, *La LDH accuse: nomenclature des tortionnaires de la République du Bénin 1972-1991*, Cotonou, 36 p. multigr.
--- 1996, *La LDH accuse: nomenclature des tortionnaires de la République du Bénin*, 2e édition revue et corrigée jusqu'en 1995, Cotonou, brochure, 47 p.
Loada, Augustin-Marie-Gervais, 1995, «Burkina Faso, les rentes de la légitimation démocratique», pp. 217-233 in *L'Afrique politique 1995*, Talence, CEAN.
Loucou, Jean-Noël, 1992, *Le multipartisme en Côte d'Ivoire*, Abidjan, Neter, 213 p.
Lund, Christian, 1998, *Law, Power and Politics in Niger. Land Struggles and the Rural Code*, Hambourg, APAD & Lit Verlag, 252 p.
Ly, Abdoulaye, 1997, *D'où sort l'État présidentialiste du Sénégal?*, Saint-Louis, Xamal, 127 p.
Ly, Oumou, 1994, *Le temps des émeutes*, roman, Bamako, Imprimerie nouvelle, 180 p.
Mahadevan, Vijitha et al., 1994, *Contemporary African Politics and Development. A Comprehensive Bibliography 1981-1990*, Boulder, Rienner, 1314 p.
Mahamadou, Laouel Kader, 1994, *La transition politique au Niger. Contribution à l'analyse du renouveau constitutionnel d'un État africain*, thèse, droit public fondamental, Université de Toulouse I, 301 p.
--- 1997, «Renouveau du parlementarisme, responsabilités et devoirs de l'opposition dans les parlements africains», pp. 31-43 in IAD, *L'opposition dans les parlements africains*, Dakar, Ed. Démocraties africaines.
Mamdani, Mahmood, 1995, «Introduction», pp. 1-34 in M. Mamdani et E. Wamba-dia-Wamba, eds, *African Studies in Social Movements and Democracy*, Dakar, CODESRIA.
Manifeste des 19, 1966, texte signé par 19 fonctionnaires et universitaires négro-mauritaniens critiquant la politique gouvernementale d'arabisation, Nouakchott, février 1966, 7 p., reproduit pp. 99-105 in O. M. Ba, 1993, *Noirs et Beydanes mauritaniens. L'école, creuset de la nation?*, Paris, L'Harmattan.
Manifeste du Négro-Mauritanien opprimé, 1986, document attribué aux Forces de libération africaines de Mauritanie (FLAM), sl, 37 p.
Marcuse, Herbert, 1968, *L'homme unidimensionnel*, Paris, Ed. de Minuit, 283 p. (éd. origin. 1964: *One-Dimensional Man*, Boston, Beacon Press).
Martin, Guy, 1985, «The Historical, Economic and Political Bases of France's African Policy», *Journal of Modern African Studies*, 23 (9), pp. 189-208.
--- 1993, «Preface: Democratic Transitions in Africa», *Issue*, 21 (1-2), pp. 6-7.
--- 1995, «Continuity and Change in Franco-African Relations», *Journal of Modern African Studies*, 33 (1), pp. 1-20.
Massina, Palouki, 1993, «De la souveraineté des Conférences nationales africaines», *Revue burkinabè de droit*, 24, pp. 224-251.
Massina, Palouki, Nakom Koura Baba, Bouwissiwè Paalamwé Lomdo, Alexandre K. Kadanga, Akrima Kogoe et Badjow Tcham, 1993, *Democracy Led Astray*, (document élaboré à l'attention de la communauté internationale par la mouvance présidentielle togolaise, rejetant sur l'opposition la responsabilité de toute violence), Kara, IGF, 168 p.
MBDHP (Mouvement burkinabè des droits de l'Homme et des peuples), 1992a, «Démocratie, droits de l'Homme et développement», contribution au *Forum de réconciliation nationale*, Ouagadougou, février, 23 p.
--- 1992b, «Mission d'observation des élections législatives du 24 mai 1992. Rapport général», Ouagadougou, 23 p.
MBDHP et Fondation Friedrich Ebert, 1995, *Élire la démocratie. Actes de la conférence internationale sur les élections en Afrique de l'Ouest: bilan et perspectives. Cotonou, 25-27 octobre 1994*, Cotonou, Imprimerie Nouvelle Presse, 161 p.

Mbembe, Achille, 1993, «Diagnostic sur les dérapages de la transition démocratique en Afrique», *Afrique 2000*, 12, pp. 57-63.

--- 1996, «Des rapports entre la disette, la pénurie et la démocratie en Afrique sub-aharienne», pp. 45-63 in I. Mané, ed., *État, démocratie, sociétés et culture en Afrique*, Dakar, Ed. Démocraties africaines.

Mbow, Penda, 2000, «Démocratie et castes au Sénégal», *Journal des Africanistes*, 70 (1-2), pp. 71-91.

Médard, Jean-François, 1993, «L'africanisation du modèle occidental d'État», pp. 139-153 in Secrétariat général de la défense nationale (France), *L'Afrique sub-saharienne: sécurité, stabilité et développement*, Paris, La Documentation française.

--- 1995, «France-Afrique: des affaires de famille», pp. 29-41 in Donatella Della Porta et Yves Mény, eds, *Démocratie et corruption en Europe*, Paris, La Découverte.

Medhanie, Tesfastion, 1993, «Les modèles de transition démocratique», *Afrique 2000*, 14, pp. 61-70.

Memel-Fotê, Harris, 1991, «Des ancêtres fondateurs aux Pères de la nation. Introduction à une anthropologie de la démocratie», *Cahiers d'études africaines*, 123, pp. 263-285.

--- 1992, «L'héritage africain et les processus démocratiques contemporains», 7e Assemblée générale du CODESRIA (*Le processus de démocratisation en Afrique: problèmes et perspectives*), Dakar, 10-14 février, 23 p.

Mémoire du Bénin (publication de la Présidence de la République), 1994, «Spécial Religion», numéro spécial (3), Cotonou, Les Editions du Flamboyant, 118 p.

Messaoud, Boubacar, 2000, «L'esclavage en Mauritanie. De l'idéologie du silence à la mise en questions», *Journal des Africanistes*, 70 (1-2), pp. 291-337.

Metena M'nteba, 1993, «Les conférences nationales africaines et la figure de l'évêque-président», *Zaïre-Afrique*, 276, pp. 361-372.

Mɛwihɛwndo-Sillon Noir, 1993, *Vodun, démocratie et pluralisme religieux. Contribution du Mɛwihɛwndo-Sillon Noir à Ouidah 92*, Cotonou, Les Publications du Sillon Noir (9), 40 p.

--- 1998, *Le Sillon Noir s'explique*, Cotonou, Les Publications du Sillon Noir (13), 20 p.

Midiohouan, Guy Ossito, 1988, «Portée idéologique et fondements politiques de la francophonie (vue d'Afrique)», *Peuples Noirs/Peuples africains*, 59-62, pp. 63-84.

--- 1994, *Du bon usage de la francophonie: essai sur l'idéologie francophone*, Porto-Novo, CNPMS, 230 p.

Midiohouan, Guy Ossito et Camille A. Amouro, 1991, «Entre la résignation et le refus: les écrivains togolais d'expression française sous le régime d'Eyadema», *Genève-Afrique*, 26 (2), pp. 117-124.

Mindaoudou, Dodo Aïchatou, 1995, «Le droit de résistance dans les constitutions africaines: un droit illusoire à vocation décorative?», *Revue juridique et politique, Indépendance et coopération*, 49 (3), pp. 322-331.

Mise au Point, 1997, «Le Bénin renonce à la 'gouvernance'», recueil d'articles parus en octobre et novembre dans *Le Point au quotidien* (Cotonou), 58 p.

Mkandawire, Thandika, 1988, «Comments on Democracy and Political Instability», *Africa Development*, 13 (3), pp. 77-82.

Mkandawire, Thandika et Adebayo O. Olukoshi, eds, 1995, *Between Liberalisation and Oppression. The Politics of Structural Adjustment in Africa*, Dakar, CODESRIA, 430 p.

MNSD (Mouvement national pour la société de développement), 1990, «Rapport du groupe de travail sur les tendances probables de l'évolution socio-politique du Niger et les alternatives d'une ouverture démocratique susceptible de consolider et de sécuriser la démocratie nigérienne», Niamey, 19 p.

Monga, Célestin, 1994, «National Conferences in Francophone Africa: An Assessment», Washington D.C., School for Advanced International Studies, *Annual Conference of the African Studies Program*, 15 avril.

--- 1995a, «L'indice de démocratisation: comment déchiffrer le nouvel aide-mémoire de l'autoritarisme», *Afrique 2000*, 22, pp. 63-77.

--- 1995b, «Dollars, francs CFA et démocratisation. Symbolisme politique et fonctions économiques de l'argent en Afrique francophone», *Afrique, Démocratie & Développement*, 8, pp. 37-66.

Moore, David, 1996, «Reading Americans on Democracy in Africa: From the CIA to 'Good Governance'», *European Journal of Development Research*, 8 (1), pp. 123-48.

Moque, François, 1994, *La politique de privatisation du gouvernement ivoirien dans le cadre du Programme économique à moyen terme (1990-1995)*, thèse, économie, Université nationale de Côte d'Ivoire, 302 p.

Morgenthau, Ruth Schachter, 1964, *Political Parties in French-Speaking Africa*, Oxford, Clarendon Press, rééd. et traduction française 1998: *Le multipartisme en Afrique de l'Ouest francophone jusqu'aux indépendances*, Paris, L'Harmattan, 488 p.

Moss, Todd J., 1992, «La conditionnalité démocratique dans les relations entre l'Europe et l'Afrique», *L'Evènement européen*, 19, pp. 225-234.

Mouelle Kombi II, Narcisse, 1991, «La Conférence nationale africaine: l'émergence d'un mythe politique», *Afrique 2000*, 7, pp. 35-40.

MPA (Mouvement populaire de l'Azaouad), 1991, «Déclaration à la Conférence nationale», Bamako, août, 4 p.

Mundt, Robert J., 1997, «Cote d'Ivoire: Continuity and Change in a Semi-Democracy», pp. 182-203 in J.F. Clark et D.E. Gardinier, eds, *Political Reform in Francophone Africa*, Boulder, Westview.

Musangi, Médard et Moustapha Thiam, 1997, «Conflits, opinions publiques et faiseurs d'opinion en Afrique», *Afriques Libertés*, 2, pp. 67-79.

NDI (National Democratic Institute for International Affairs), 1997, *Rapport de la mission d'évaluation sur les relations entre civils et militaires en Afrique de l'Ouest et Afrique centrale*, Washington D.C., 30 p. + annexes non paginées.

Ndiaye, Babacar, 1990, «Développement économique et démocratie en Afrique», *Revue africaine de développement*, 2 (2), pp. 49-57.

Ndiaye, Falilou, Manfred Prinz et Alioune Tine, 1990, *Visages publics du Sénégal: 10 personnalités politiques parlent*, Paris, L'Harmattan, 259 p.

Nédelec, Serge, 1990, «Jeunesse et politique au Mali: entre le radicalisme et la désertion», Québec, Université Laval, colloque *Jeunes du Sahel*, septembre, 13 p.

Niandou Souley, Abdoulaye, 1991, «Tracts et démocratisation au Niger», pp. 431-443 in *Année africaine 1990-1991*, Talence, CEAN.

--- 1992, *Crise des autoritarismes militaires et renouveau politique en Afrique de l'Ouest. Étude comparative Bénin, Mali, Niger, Togo*, thèse, science politique, Université de Bordeaux I, 457p.

--- 1999, «Démocratisation et crise du modèle compétitif au Niger», pp. 413-435 in M.-C. Diop et M. Diouf, eds, *Les figures du politique en Afrique. Des pouvoirs hérités aux pouvoirs élus*, Dakar, CODESRIA, Paris, Karthala.

Niane, Idy Carras, Vieux Savané et Boubacar Boris Diop, 1991, *Set Setal, la seconde génération des barricades*, Dakar, Sud Editions, brochure, 36 p.

Nwajiaku, Kathryn, 1994, «The National Conferences in Benin and Togo revisited», *Journal of Modern African Studies*, 32 (3), pp. 429-447.

Nwokedi, Emeka, 1993a, «Democratic Transition and Democratization in Francophone Africa», *Verfassung und Recht in Übersee*, 26 (4), pp. 399-436.

--- 1993b, *Civil Society and Democratic Transition in Africa: the Mechanism of the National Conference*, Bremen, IZA, Afrika Diskussions Papiere (2), 18 p.

--- 1995, *Politics of Democratisation: Changing Authoritarian Regimes in Sub-Saharan Africa*, Münster et Hambourg, Lt Verlag, 249 p.

--- 1999, «On Democratic Renewal in Francophone West Africa», pp. 265-286 in D. Olowu, A. Williams et K. Soremekun, eds, *Governance and Democratisation in West Africa*, Dakar, CODESRIA.

Nzouankeu, Jacques Mariel, 1992, «La transition démocratique au Mali», *Alternative démocratique dans le Tiers Monde*, 3-4-5, pp. 123-316.

--- 1993, «The Role of the National Conference in the Transition to Democracy in Africa: The Cases of Benin and Mali», *Issue*, 21 (1-2), pp. 44-50.

Oke, Finagnon-Mathias, 1994, «Les systèmes électoraux et les réalités sociales, culturelles et économiques du Bénin» , *Société & Education*, 6, pp. 65-77.

Olukoshi, Adebayo, 2001, *West Africa's Political Economy in the Next Millenium: Retrospect and Prospect*, Dakar, CODESRIA, Monograph Series (2/2001), 34 p.

Olympio, Gilchrist, 1998, *Mon combat avec et pour le peuple togolais*, sl, Balance, 176 p.

Omaar, Rakiya et Janet Fleischman, 1991, «Arab vs. African», *Africa Report*, 36 (4), pp. 34-38.

OPAD (Observatoire panafricain de la démocratie), 1996, *Actes du colloque international sur la démocratisation et les crises institutionnelles en Afrique*, Lomé, 11-14 juillet 1996, Lomé, brochure, 94 p.

Osaghae, Eghosa E., 1995a, «The Study of Political Transitions in Africa», *Review of African Political Economy*, 64, pp. 183-197.

--- 1995b, «Amoral Politics and Democratic Instability in Africa: A Theoretical Exploration», *Nordic Journal of African Studies*, 4 (1), pp. 62-79.

Otayek, René, 1993, «Introduction. Des nouveaux intellectuels musulmans d'Afrique noire», pp. 7-18 in R. Otayek, ed., *Le radicalisme islamique au sud du Sahara. Da'wa, arabisation et critique de l'Occident*, Paris, Karthala.

Ouédraogo, Jean, 1999, «Burkina Faso, autour de l'affaire Zongo: prises de position, tracts et libelles», dossier documentaire, *Politique africaine*, 74, pp. 163-184.

Ould Ahmed Salem, Zekeria, 1996, *Retour sur le politique par le bas. De quelques modes populaires d'énonciation du politique en Mauritanie*, thèse, science politique, Université Lumière Lyon 2, 453 p.

Ould Cheikh, Abdel Wedoud, 1994, «Des voix dans le désert. Sur les élections de l'"ère pluraliste'», *Politique africaine*, 55, pp. 31-39.

Ould Mey, Mohameden, 1994, «Global Adjustment: Implications for Peripheral States», *Third World Quarterly*, 15 (2), pp. 319-336.

Ould Saleck, El Arby, 2000, «Les Haraâtin comme enjeu pour les partis politiques en Mauritanie», *Journal des Africanistes*, 70 (1-2), pp. 255-63.

Ousmane, Mahamane, Hama Amadou et Mahamadou Issoufou, 1996, «Nous, anciens dirigeants de la IIIème République...», appel à la levée de l'embargo des bailleurs de fonds sur le Niger, 11 février, publié par *Le démocrate* (Niamey) du 12 février.

PCD (Parti communiste du Dahomey), 1985, *Adresse du PCD au peuple pour un Dahomey resplendissant!*, Cotonou, 20 octobre, 136 p.

Quantin, Patrick, 1994, «Les élites politiques face aux transitions démocratiques», colloque du CERGEP sur *Le processus démocratique en Afrique susbsaharienne (1990-1994): bilans et perspectives*, Libreville, 12-14 octobre, 10 p.

Rai, Shirin M., 1994, «Gender and Democratization: or What Does Democracy Mean for Women in the Third World?», *Democratization*, 1 (2), pp. 209-228.

Rawls, John, 1971, *A Theory of Justice*, Cambridge, Belknap Press of Harvard University Press, xv-607 p., trad. française 1987: *Théorie de la justice*, Paris, Seuil.

Raynal, Jean-Jacques, 1991, «Le renouveau démocratique béninois: modèle ou mirage?», *Afrique contemporaine*, 160, pp. 3-25.

--- 1994, «Les conférences nationales en Afrique: au-delà du mythe, la démocratie», *Penant*, 816, pp. 310-321.

RCGD (Réseau citoyen pour la gouvernance démocratique), 1996, *Les médiatures en Afrique francophone. Essor et enjeux*, brochure, Libreville, 32 p.

REMMM (*Revue des mondes musulmans et de la Méditerranée*), 1990, «Mauritanie, entre arabité et africanité», numéro spécial, 54, 200 p.

République du Niger, 1991a, *Commission nationale préparatoire de la Conférence nationale. Résultat des travaux*, Niamey, Anfani, 105 p.

--- 1991b, *Conférence nationale du Niger. Niamey, 19 juillet - 3 novembre 1991*, Niamey, Imprimerie nationale, 3 volumes.

République Française, 1990a, «Allocution prononcée par Monsieur François Mitterrand, président de la République, à l'occasion de la séance solennelle d'ouverture de la XVIe Conférence des Chefs d'État de France et d'Afrique à La Baule», La Baule, 20 juin, 16 p., texte intégral sur http://www.discours-mitterrand.org/rep_file/900620.htm

--- 1990b, «Conférence de presse de Monsieur François Mitterrand, président de la République, à l'issue de la XVIe Conférence des Chefs d'État de France et d'Afrique», La Baule, 21 juin, transcription sur http://www.discours-mitterrand.org/rep_file/900621.htm

République Togolaise-Conférence nationale souveraine, 1992a, *Les Actes de la Conférence nationale souveraine*, Lomé, Editogo, 80 p.

--- 1992b, *Travaux de la Conférence nationale souveraine. Droits de l'Homme et Libertés fondamentales de l'époque coloniale à nos jours* (Travaux de la Commission II: Affaires politiques, Droits de l'Homme et des Libertés publiques; Sous-Commission 2: Droits de l'Homme et Libertés fondamentales), Lomé, Editogo, 54 p.

--- 1992c, *Commission III: «Affaires économiques, financières et foncières». Synthèse des travaux*, Lomé, Editogo, 158 p.

--- 1992d, *Travaux de la Conférence nationale souveraine. Rapport de synthèse sur la défense. Rapport de synthèse sur les forces de sécurité* (Travaux de la Commission VI: Défense et sécurité), Lomé, Editogo, 45 p.

--- 1992e, *Résolutions, déclaration et appel*, Lomé, Editogo, 64 p.

--- 1992f, *Déclaration de politique générale de la Conférence nationale souveraine du Togo. Document final* (contient également le Rapport général de la Conférence), Lomé, Editogo, 55 p.

Robinson, Pearl T., 1992, «Grassroots Legitimation of Military Governance in Burkina Faso and Niger: the Core Contradictions», pp. 143-165 in G. Hyden et M. Bratton, eds., *Governance and Politics in Africa*, Boulder, Lynne Rienner.

--- 1994, «The National Conference Phenomenon in Francophone Africa», *Comparative Studies in Society and History*, 36 (3), pp. 575-610.

Roy, Maurice Pierre, 1992, «Le Bénin: un modèle de sortie de dictature et de transition démocratique en Afrique noire», *Revue de la recherche juridique, Droit prospectif*, 17 (50), pp. 585-604.

RPG (Rassemblement du peuple de Guinée), PRP (Parti du renouveau et du progrès), UNR (Union pour la nouvelle République), PDG (Parti démocratique de Guinée), UND (Unité nationale démocratie), 1995, *Mémorandum contre les résultats des élections législatives*, Conakry, juillet, 23 p.

Sada, Hugo, 1991, «Chaillot n'est pas La Baule», *Jeune Afrique*, 27 novembre, pp. 4-9.

Said, Edward W., 1990, «Third World Intellectuals and Metropolitan Culture», *Raritan Quarterly*, 9 (3), pp. 27-50.

--- 1996, *Des intellectuels et du Pouvoir*, Paris, Seuil, 141p. (éd. orig. 1994: *Representations of the Intellectual*, Londres, Vintage)

Sall, Issa, 1998, «Réforme constitutionnelle: Abdou Diouf, président de la Royauté du Sénégal», *Nouvel Horizon* (Dakar), 4 septembre, pp. 24-26.

Santiso, Carlos, 1997, «Sobre la condición histórica de los transitólogos en América latina y en Europa Central y Oriental, *Foro Internacional*, 37 (3), pp. 408-438.

Santos, Anumu Pedro, 1991, *Ablodé-Gbadza 1960-1991. Lexique français-éwé pour la pénétration populaire de la démocratie au Togo*, Lomé.

Sarr, Abdou, 1999, *Le mouvement associatif du milieu rural en Afrique sahélienne. Les péripéties d'une révolution tranquille*, Dakar, manuscrit, 255 p.

Schaffer, Frederic C., 1998, *Democracy in Translation. Understanding Politics in an Unfamiliar Culture*, Ithaca, Cornell University Press, 168 p.

Schraeder, Peter J., 1995, «'Plus ça change, plus c'est la même chose!' African Ruling Elites and the Challenges of Democratization», *Démocraties Africaines*, hors-série (1), pp. 8-15.

SDLP (Surveillance et défense de la liberté de presse en Afrique de l'Ouest) et UJAO (Union des Journalistes de l'Afrique de l'Ouest), 1995, *Média, législation et déontologie en Afrique de l'Ouest*, Dakar, brochure, 65 p.

Séhouéto, Lazare, 1997, *La démocratie commence à la maison... La question de la démocratie au sein des partis et des associations au Bénin*, Cotonou, Fondation Friedrich Ebert, 134 p.

Senghor, Léopold Sédar, 1990, «Le parti unique est contraire à la tradition africaine», interview, *MFI* (Médias France International), 141, 13 mars, 3 p.

Sidibé, Ousmane Oumarou et Gérard Kester, eds, 1994, *Démocratie et concertation nationale. La mise en œuvre du Conseil économique, social et culturel du Mali*, La Haye, PADEP (Programme africain pour le développement de la participation démocratique des travailleurs), Paris, L'Harmattan, 103 p.

Sindjoun, Luc, 1995, «Les nouvelles constitutions africaines et la politique internationale: contribution à une économie internationale des biens politico-constitutionnels», *Afrique 2000*, 21, pp. 37-50.

Singh, Daleep, 1994, «La Francophonie: Genesis, Growth and Implications», *Africa Quarterly*, 34 (1), pp. 45-65.

Sklar, Richard L., 1983, «Democracy in Africa», *African Studies Review*, 26 (3-4), pp. 11-24.

--- 1987, «Developmental Democracy», *Comparative Studies in Society and History*, 29 (4), pp. 686-714.

Sklar, Richard L. et Mark Strege, 1992, «Finding Peace Through Democracy in Sahelian Africa», *Current History*, 91 (565), pp. 224-229.

SLEGC (Syndicat libre des enseignants et chercheurs de Guinée), 1993, *Syndicats et démocratie. Séminaire-atelier national*, Conakry, 18-21 novembre, rapport général, 45 p.

Smith, Stephen, 1997, «Paris vs. Washington», *Limes*, 3, pp. 53-65.

Smith, Stephen et Antoine Glaser, 1992, *Ces Messieurs Afrique. Le Paris-Village du continent noir*, Paris, Calmann-Lévy, 235 p.

Société & Éducation, 1995, «Parlementarisme en Afrique de l'Ouest. Les Actes des séminaires inter-parlementaires» (Niamey 1993, Ouagadougou 1994, Bamako 1995), numéro spécial, 9, 368 p.

--- 1997, «Militaires et démocratie en Afrique. Colloque régional tenu à Bamako du 23 au 26 juillet 1997», numéro spécial, 13, 152 p.

Soglo, Nicéphore, 1990, «Notre intention n'est pas d'exporter notre modèle de démocratisation», interview, *MFI* (Médias France International), 158, 26 mars, 8 p.

SOMASE (Solidarité malienne au Sénégal), 1990, «*Déclaration de Dakar*», appel à la tenue d'une conférence nationale et à la formation d'un gouvernement de transition, Dakar, 26 mai, reproduite pp. 110-112 in H. Djimé, 1997, *L'aube des démocraties. La chute de Moussa Traoré*, Bamako, Imprimerie Mounkoro.

Spivak, Gayatri Chakravorty, 1988, «Can the Subaltern Speak?», pp. 271-313 in C. Nelson et L. Grossberg, eds, *Marxism and the Interprétation of Culture*, Urbana et Chicago, University of Illinois Press.

Stepan, Alfred et Cindy Skach, 1993, «Constitutional Frameworks and Democratic Consolidation: Parliamentarism vs Presidentialism», *World Politics*, 46 (1), pp. 1-22.

Sy, Seydou Madani, 1999, «Évolution des institutions de la République depuis le Grand Conseil jusqu'au Sénat», communication au dîner-débat du Cercle des Républicains, Dakar, 22 avril.

Sylva, Evelyne, 2002, *Promotion des femmes: quel rôle pour les médias?*, mémoire de maîtrise, sciences de l'information et de la communication, Dakar, Université Cheikh Anta Diop, 110p.

Tag, Sylvia, 1994, *Paysans, État et démocratisation au Mali: enquête en milieu rural*, Hambourg, Institut für Afrika-Kunde, xiv-192 p.

Tall, Emmanuelle Kadya, 1995, «De la démocratie et des cultes vodúns au Bénin», *Cahier d'études africaines*, 137, pp. 193-208.

Tankaono, Amadou, 1996, «Conflit autour des règles normatives de la cohabitation au Niger: éléments d'analyse juridique d'une crise politique», *Polis*, 2 (2), pp. 91-106.

Thiam, Mbaye, 1994, *Les Conférences nationales africaines*, mémoire de DEA, science politique, Université de Paris II, 76 p.

Tidjani Alou, Mahaman, 1996, «Les trajectoires d'une reconversion du militantisme associatif au courtage en développement: le cas de Timidria au Niger», *Bulletin de l'APAD*, 12, pp. 39-65.

Tine, Antoine, 1997, «Du multiple à l'un et vice-versa? Essai sur le multipartisme au Sénégal (1974-1996)», *Polis*, 3 (1), pp. 61-105.

Titra Libertitres, 1993, *Les conférences nationales africaines dans la presse*, dossier préparé pour le Programme d'appui à l'organisation des services documentaires des parlements du Sud, Paris, PARDOC-AIPLF, 109 p.

Tognimassou, Gérard, 1992, «Le téléphone arabe pendant la période de transition au Bénin: mythes et réalités d'un système de communication», *Propos et positions*, 1, pp. 58-62.

Topanou, Kpoti V., 1994, «De la démocratie en Afrique», *Afrique 2000*, 19, pp. 53-59.

Toudonou, Johanès Athanase et Césaire Kpenonhoun, 1997, *Constitutions et textes constitutionnels de la République du Bénin depuis les origines dahoméennes*, Cotonou, CEREDEC-Afrique, Fondation Friedrich Naumann, 330 p.

Toulabor, Comi M., 1981, «Jeux de mots, jeux de vilains. Lexique de la dérision politique au Togo», *Politique africaine*, 3, pp. 55-71.

— 1986, *Le Togo sous Eyadema*, Paris, Karthala, 332 p.

— 1993, «Paristroïka et revendication démocratique», pp. 119-135 in D. C. Bach et A. A. Kirk-Greene, eds., *États et sociétés en Afrique francophone*, Paris, Economica.

— 1996a, «Les mots sont fatigués ou la désillusion démocratique au Togo?», *Politique africaine*, 64, pp. 62-70.

— 1996b, «Jeunes, violence et démocratisation au Togo», *Afrique contemporaine*, 180, pp. 116-125.

— 1997a, «Des africanistes, français en particulier», *Limes*, 3, pp. 111-113.

— 1997b, «Problèmes de frontière, francophobie et nationalisme au Togo», *Limes*, 3, pp. 169-76.

Toungara, Jeanne Maddox, 1995, «Generational Tensions in the Parti démocratique de Côte d'Ivoire», *African Studies Review*, 38, pp. 11-38.

Touré, Amadou Toumani, 1991, «Pourquoi je ne veux pas le pouvoir», interview, *Jeune Afrique*, 1er mai, pp. 18-20.

— 1994, *Comment j'ai pris le pouvoir, pourquoi je l'ai quitté*, supplément à *Jeune Afrique* du 11 août, 62 p.

Touré, Ismaïla, 1998, «'Ni meeting, ni défilé': le syndicalisme de participation en Côte d'Ivoire a-t-il vécu?», *Afrique et Développement*, 23 (2), pp. 227-252.

Traber, Michael, 1988, «The Stories People Tell: Are They Part of the Democratic Process?», *Africa Media Review*, 2 (2), pp. 115-123.

Traoré, Madjoum, 1994, *Au-delà de la peur*, roman, Abidjan, Imprimerie Codimar, 90 p.

Tshiwula, J.M.M., 1992, *La conférence nationale en Afrique et ses secrètes mystiques*, Kinshasa, SCIEDI, 188 p.

UDPM (Union démocratique du Peuple malien), 1987, *Charte d'orientation et de conduite de la vie publique*, Bamako, 74 p.

UNESCO, 1994, *Le rôle des mouvements d'étudiants africains dans l'évolution politique et sociale de l'Afrique de 1900 à 1975*, Paris, L'Harmattan, 224 p.

Union européenne, 1998, «Rapport final sur l'élection présidentielle du 21 juin 1998 au Togo», publié en deux parties dans l'hebomadaire *Le Regard* (Lomé), 28 juillet et 5 août.

UNSIT (Union nationale des syndicats indépendants du Togo), 1992, *Bilan des activités de l'UNSIT et grands axes de son programme syndical*, Lomé, 18 p.

UNTM (Union nationale des travailleurs du Mali, aile syndicale du parti unique), 1990, «Résolution générale du Conseil central extraordinaire de l'UNTM», appel à l'instauration du multipartisme, Bamako, 29 mai, 3 p.

UTM (Union des travailleurs de Mauritanie), 1991, *Lettre ouverte à Monsieur le président du Comité militaire de Salut national, chef de l'État*, demandant une commission d'enquête sur la torture et les exécutions extra-judiciaires de militaires négro-mauritaniens présumés comploteurs, Nouakchott, 4 avril, 2 p.

Vengroff, Richard, 1994, «The Impact of the Electoral System on the Transition in Africa: The Case of Mali», *Electoral Studies*, 13 (1), pp. 29-37.

Vengroff, Richard et Lucy Creevey, 1997, «Senegal: The Evolution of a Quasi Democracy», pp. 204-222 in J. F. Clark et D.E. Gardinier, eds, *Political Reform in Francophone Africa*, Boulder, Westview.

Vernet, Sandrine et Klaus Gerke, 1993, *Chomsky, les médias et les illusions nécessaires. Un film de Mark Achbar et Peter Wintonick*, texte du film, Paris, K-films éditions, 95 p.

Villalon, Leonardo, 1993, «Charisma and Ethnicity in Political Context: A Case Study in the Establishment of a Senegalese Religious Clientele», *Africa: Journal of the International African Institute*, 63 (1), pp. 80-101.

--- 1994, «Democratising a (Quasi) Democracy: the Senegalese Elections of 1993», *African Affairs*, 371, pp. 163-193.

--- 1995, *Islamic Society and State Power in Senegal: Disciples and Citizens in Fatick*, Cambridge, Cambridge University Press, 360 p.

Villasante de Beauvais, Mariella, 1998, *Parenté et politique en Mauritanie. Essai d'anthropologie historique*, Paris, L'Harmattan, 282 p.

Von Trotha, Trutz, 1993, «'C'est la pagaille'. Remarques sur l'élection présidentielle et son observation internationale au Togo, 1993», *Politique africaine*, 52, pp. 152-59.

Wablé, Corinne, 1997, «La télévision nationale burkinabé: de la révolution à la démocratie populaire», *Journal des Africanistes*, 67 (1), pp. 143-56.

Wade, Abdoulaye, 2001, «Je n'aurai jamais de dauphin», interview, *Le Soleil* (Dakar), 14 mars, http://www.lesoleil.sn

Wade, Salimata, 1998, «Objets, lieux et acteurs», 36 p. in M. Ben Arrous et S. Wade, *L'Afrique de l'Ouest en transition géographique. Espaces, acteurs, conflits*, rapport de recherche, Dakar, CODESRIA.

Wauthier, Claude, 1997, «L'étrange influence des francs-maçons en Afrique francophone», *Jamanal: revue culturelle malienne*, octobre, pp. 20-23.

Widner, Jennifer A., 1994a, «Political Reform in Anglophone and Francophone African Countries», pp. 49-79 in J.A. Widner, ed, *Economic Change and Political Liberalization in Sub-Saharan Africa*, Baltimore, John Hopkins University Press.

--- 1994b, «The Rise of Civic Associations Among Farmers in Côte d'Ivoire», pp. 191-211 in J.W. Harbeson, D. Rothchild et N. Chazan, eds, *Civil Society and the State in Africa*, Boulder, Lynne Rienner.

Wiseman, John A., 1986, «Urban Riots in West Africa, 1977-1985», *Journal of Modern African Studies*, 24, pp. 509-18.

Wonyu, Emmanuel, 1990, «Les jeunes et l'exigence d'un nouvel ordre politique en Afrique», *Afrique 2000*, 3, pp. 67-76.

--- 1996, «La récréation est-elle terminée?», *Le Messager africain* (Douala), avril-juin, pp. 63-65.

Wunsch, James S. et Dele Olowu, 1990, *The Failure of the Centralized State: Institutions for Self-Governance in Africa*, Boulder, Westview, 334 p., résumé, traduit et diffusé en français par la Fondation K. Adenauer à Cotonou(1995): «La faillite de l'État centralisé», série Décentralisation et démocratisation (5), 44 p.

Yonaba, Salif, 1993a, «La 'conférence nationale' et le droit: les leçons de l'expérience burkinabé», *Revue juridique et politique, Indépendance et coopération*, 47 (1), pp. 78-108.

--- 1993b, «Les élections législatives du 24 mai 1992 et la polémique autour de la 'fraude électorale'», *Revue burkinabè de droit*, 23, pp. 11-32.

Young, Crawford et Babacar Kanté, 1997, «Gouvernance et démocratie: les élections de 1988 au Sénégal», pp. 83-107 in G. Hyden et M. Bratton, eds., *Gouverner l'Afrique. Vers un partage des rôles*, sl, Nouveaux Horizons (éd. orig. 1992: *Governance and Politics in Africa*, Boulder, Lynne Rienner).

Young, Tom, 1993, «Elections and Electoral Politics in Africa», *Africa: Journal of the International African Institute*, 63 (3), pp. 299-312.

Zeleza, Paul Tiyambe, 1994, «Reflections on the Traditions of Authoritarianism and Democracy in African History», *Afrika Zamani*, nouvelle série (2), pp. 223-240.

--- 1997, «Trends and Inequalities in the Production of Africanist Knowledge», pp. 44-69 in *Manufacturing African Studies and Crises*, Dakar, CODESRIA.

Ziegler, Jean, ed., 1997, *Démocratie et nouvelles formes de légitimation en Afrique. Les Conférences nationales du Bénin et du Togo*, Genève, IUED, notes et travaux (47), 50 p.

Zinzindohoué, Abraham D., 1998, *Réflexions sur le multipartisme béninois et son incidence sur l'évolution de la nouvelle expérience démocratique*, Cotonou, Fondation Friedrich Naumann, 51p.

Zweig, Stefan, 1936, *Castellio gegen Calvin*, Vienne, H. Reichner, trad. française 1997, *Conscience contre violence ou Castellion contre Calvin*, Bordeaux, Le Castor astral, 207 p.

www.ingramcontent.com/pod-product-compliance
Lightning Source LLC
Chambersburg PA
CBHW021129300426
44113CB00006B/344